信仰五十年記念に，弟子たちによって献ぜられた「基督教論文集」巻頭の写真

内村鑑三とその署名
（昭和３年５月　68歳）

内村鑑三

● 人と思想

関根 正雄 編著

25

CenturyBooks 清水書院

序に代えて
――内村の意義――

内村鑑三は一八六一年（文久元年）に生まれ、一九三〇年（昭和五年）に世を去った。かれの生涯は、日本が長い鎖国の状態から離れて、徐々に西欧の文明を吸収し、近代国家としての歩みを開始し、やがて、外側から見れば、近代世界における最初の強大な東洋の大国にまで発展した時期に当たっている。

内村と西欧文明

内村は若くして、札幌農学校で科学と宗教を通じて西欧文明の真髄《しんずい》に接し、さらに四年にわたる米国留学によって、東西の文化の日本における接触の意義を深く洞察した。農学校時代のかれの親友、新渡戸稲造《にとべいなぞう》の場合と同じく、内村も西欧の文化を深く日本に移し植え、日本の真価を正しく世界に知らせることを、はじめからその生涯の使命として自覚したのであった。内村は若くして自然科学者としての卓抜な才能を示したが、かれは近代科学の方法と精神を学んで、この方面から西欧文明の真髄を深く体得した。しかし内村における西欧文明の受容の特異性は他の多くの明治の先覚者の場合と違っていた。それはかれがただ西欧の科学を問題にしただけでなく、科学と同時に西欧の宗教を自己の問題として取り上げ、それを生涯をかけて追求したことである。かれは職業的な科学者としての道をはやくから断念しなければならなかった。しかしその生涯の終わりにいたるまで、自然科学に対して新鮮な興味を持ち続けた。その点で宗教のみを問題にした他の明治のキリスト教の先覚者とも異なるのである。

このように内村が、はじめから科学と宗教を同時に自己の内奥からの問題として取り上げたことから、内村における西欧文化受容の独自の深さが由来するように思われる。一口にいえば内村は科学者としての実験的方法をキリスト教受容の方法としたのである。それゆえかれにおいてはキリスト教の信仰が既成の教義として受けとられることなく、その生涯の具体的な出来事を機縁として実験的に体得されてゆくのである。西欧文明の真髄としてのキリスト教の精神を血と涙の多くの体験を通じ、文字どおり身をもって体得していった内村の生涯は、明治以後の日本人の生き方として独自の深さを示している。しかもその強烈な個性的な生き方は、外側から見ても近代日本の歴史に巨大な足跡を印した。明治二四年のいわゆる内村の不敬事件が明治の天皇制国家の根本問題にふれ、天皇の神格化という前近代的な日本の盲点は、第二次大戦終結後の、天皇の「人間宣言」によってはじめて除かれたのである。またキリスト教を既成の教義や神学としてではなく、日本人としての誇りと自覚をもって移植しようとした内村の生涯の努力は、のちに詳しく見るように無教会主義という独自のキリスト教の形態を生み、これが今日しだいに世界の注目を浴びていることは、先頃逝去したスイスの世界的な神学者エーミル＝ブルンナーの晩年の著作にも見られるとおりである。

内村はアメリカ留学の最後の時期にハートフォードの神学校に入学したが、わずか四か月で中途退学した。このことは非常に重要な意味を持っている。内村は米国における決定的回心後神学に対してもある程度心を開き、その結果神学校入学を断行したのである。もしかれが米国留学をキリスト教の神学的な理解をもって完了したとすれば、帰国後のかれのキリスト教伝道の方法は、大体において従来の教会のやり方に従ったであろうと思われる。しかしかれは自己の個性に忠実に、神学教育を受けることを拒否し、神学者としてではなく、あくまで一個の基督者《キリスト》として帰国した。そこから後年のかれのまったく独創的な歩みが理解されるのである。

内村と天職

われわれは内村の問題を具体的に科学と宗教の問題から見てきたが、すべての問題の背後に内村の強烈な日本人としての自覚がある。かれが西欧のすぐれた科学と宗教に接して、これを深く正しく受容しえた最後の根底は、その日本人としての確固たる主体性にあったというべきである。このような主体性はかれが幼い時からその中に育った日本の儒教・武士道の伝統によって深く養われたのであった。かれがいかに醇乎《じゅんこ》たる、青年として、また日本人としての感覚と自覚をもって、米国の文物に接したかは、その自伝的著作「余は如何にして基督信徒となりし乎」に古典的な筆致をもって浮き彫りにされている。

さらに内村が今日のわれわれに対して持つ大きな意義は、かれの問題把握が窮極においては、日本ないし日本人の問題をも越えていたところにある。それは、かれの魂の偉大とでもいうべき天与の賜であった。弱年にしてキリスト教に接したかれの問題意識はすでに札幌時代から日本の問題をもこえ、人類と世界の問題に向かっていた。しかもかれのすぐれた点は、かれがこの人類的世界的問題を、日本という中間項をとびこえて抽象的にとらえなかった、ということにある。

　内村は札幌時代にかれをとらえた問題として、後年次の三つを挙げている。「その第一は、如何なる基督教が人類を救ふにたる乎、その第二は、基督教と進化論との関係如何《いかん》、その第三は、日本国の天職如何」であった。「如何なる基督教が人類を救ふにたる乎」という設問を、キリスト教に接してまだ間のない札幌時代に、第一に問題としたということはまことに驚異である。これは、かれの魂が唯一神の信仰に接して真に目覚め、キリスト教の教義や聖書の文字にとらわれなかったこと、かえって歴史の中に働く生ける神に強くとらえられていたことを示すものである。このように神の側に立って、内村は、日本をもこえて人類を救うべきキリスト教の新しい形態を求めてやまなかった。かれは神の側から、キリスト教の歴史的形態をはじめから相対化したということができる。このようなかれの魂の自由と偉大はやはり天与のものといわねばならない。第二の「基督教と進化論との関係如何」の問はかれの信仰が近代科学との鋭い折衝を当初から負っていたことを示し、近代および現代におけるキリスト教の本質的な問題の一つを明確に指向している。第三の「日本国の天職如何」の設問は、内村がはじめから、自己一個の問題以上の問題を真剣に課題としていたことを示す。端的にいえばかれは終生日本を熱愛した。そこから日本の歴史的な歩みの中でのかれの預言者的な活動が出てくるのである。日露戦争に際しての非戦論、第一次欧州大戦を契機とするかれの偉大な平和論、関東大震災後の日本の滅亡の預言など、内村の生涯は日本と世界の歴史の動向とたえず対決し、われわれに歴史に対するわれわれの責任を強く考えさせずにはおかない。

このように内村はおよそ人間が課題として持ちうる必須《ひっす》なる問題を持ち、またこれらの課題を生涯をかけて負いとげた。すなわち神の前に立った一人の人間としての課題、国家と民族の一員としての、さらに世界と人類の一員としての課題である。そしてこれらの課題を信仰によってかれなりに解決した、ということができよう。かれが死の床において「日本の隆盛と、世界の平和と、宇宙の完成」を祈り得たことはそれを示している。またかれの有名な自選の墓碑(五一ページの写真参照)

「われは日本のため　　I for Japan;
日本は世界のため　　Japan for the World;
世界はキリストのため　　The World for Christ;
すべては神のため」　　And All for God.

は最もよくかれの生涯の偉大な意義を語るものである。

目次

I 若き内村

準備時代

——誕生から札幌農学校卒業まで——

日本のサムライの子

「私は西暦によると一八六一年三月二三日に生まれた。私の家は武士階級に属していた。だからゆりかごの時から、私の生まれたのは戦うため——生くるは戦うなり（vivere est militare）であった」。内村鑑三は有名な自伝的著作「余は如何《いか》にして基督《キリスト》信徒となりし乎《か》」の冒頭にこのように書いている。

内村の生まれる直前の一〇年間は、長い間鎖国の状態にあった日本が西欧列強の開国要求に屈し、以後旧日本の解体が急テンポに進展した時代であった。一八五三年（嘉永六年）六月、M＝C＝ペリーが国書をたずさえて浦賀に来航し、翌年三月、ついに日米和親条約が、さらに内村の生まれる三年前の一八五八年（安政五年）六月には、日米通商条約が調印されていた。

しかし、この新たな胎動期の日本は急速に旧日本の精神界を変革するにはいたらなかった。それというのは徳川慶喜の下に幕府側が積極的な開明政策をとった期間は、わずかに一年に満たず、したがって制度や物的文化の表面的移入は行なわれたにせよ、欧米の影響はごく上面《うわつら》のことにとどまったからである。このような事情であったからこのころの幕府側の武士の間には、依然として武士道、儒教思想がかれらの精神生活のすべてを強力に支配していた。内村はこの武士階級に属する者の一人、上州（群馬県）高崎藩士、内村金之丞宜之《よしゆき》の長男として、江戸小石川鳶坂上《とびさかうえ》（今の文京区真砂《まさご》町）の藩邸内に生まれた。父は時代に対する洞察力のすぐれた、指導力のある人物で、藩政の近代化などに重要な役割を演じた。同時にりっぱな儒学者であり、四書五経の各節をほとんどすべて誦《そら》んずることができた。母はその名をヤソといい、鑑三の評語を用いれば、「仕事狂《きちが》い」で、仕事の中に人生のすべての苦しみと悲嘆とを忘れることができたような女性であった。

家庭にあって、内村は早くから儒教的教育を受けた。数え年五歳のとき「大学」を読みだした。以後その他の中国の諸聖賢の教訓を学んだ。まだその内容はほとんど理解できなかったが、その教えの全体的な感じには感化されたという。八歳のときに明治維新を迎えたが、儒教思想の精神的支配は新時代に入っても容易にくずれなかった。したがってかれは時代の急変にもかかわらず、依然として父宜之の与える厳格な儒教教育、特に儒教的倫理、武士道的倫理に親しみ、これを徹底的に体得した。この儒教的感化、武士道的倫理は、後年かれが「武士道に接木《つぎき》されたキリスト教」を標榜《ひょうぼう》した際の、あの身分制的性格を抜きにした武士道精神であった。かれは中でも勇気、節操、正直、清廉、親切、忍耐といった面を重んじ、明治の先駆的基督者のほとんどがそうであったように、これらの倫理をキリスト教に結合させたのである。ことに内村の場合そこからキリスト教の日本化が意図された。

もう一つ内村が受けた儒教的感化の中で見逃し得ないことは、主君への忠誠であり、特にかれの素朴な愛国心の中核は、国に対する忠誠であった。しかもこの愛国心は、そのままかれを、はじめ日本の神々、いわゆる八百万《やおよろず》の神々への忠誠へと導いた。こうして内村においては、忠誠という倫理は宗教と無関係ではなかった。かれは自分の宗教的感受性や心情を、両親から受けたものではないと言っている。なるほど父は神仏などまったく信じない純儒教的な人物であった。しかし、かれは鑑三に主君や祖国への忠誠ということを教えている。また母は祖母譲りの八百万の神々への信仰をもった婦人であって、彼女が鑑三に宗教的感化を与えたことは考えられる。内村自身、子どものとき一番好きな遊びは神主ごっこだったという。これによってみると、生来宗教的感受性は豊かであったらしく、それが父の儒教教育、祖母や母の宗教的感化によって強められたのであろう。帰国後、アマスト大学の調査に応じて自ら記したように、かれは子どもの時からこのような宗教的感受性と儒教的倫理、素朴な愛国心を培《つちか》われた、典型的な「日本のサムライ」の子であったのである。

魚類への愛好

内村は数え年六歳から一三歳までは、二年間の石巻《いしのまき》（宮城県）での生活を除き、故郷高崎に暮らした。このころかれの関心の的《まと》は河魚であった。「余《よ》の家は時に上州高崎にありて余はいつしか殺生《せっしょう》の快楽をさとりたれば、夏来るごとに余はその付近の山川に河魚の捕獲に余念なかりき。余の父が、読書を放棄して、簗《やな》、掬手《すくて》、鉤《つりばり》等の製造修繕に従事するを見てはなはだ不興《ふきょう》の面《おもて》を示せしといえども、余の全心は碓氷《うすい》、烏《からす》両川の水産物に在りしことなれば、厳父の些《さ》少の叱責のごときは余の省みるところにあらざりし……」とはその回想である。この魚類への興味が後に動物学、ことに水産学を志す原因となり、また最初の職業をも決定した。かれは子どものときから観察ということを学んでいた。また学生時代には哲学よりも科学が好きで、自ら科学者たることをもって任じていた。生物の種類、特徴、性質など、細かなところまでよく観察し、熟知した。この科学的態度が後のかれの信仰の生涯に貫かれ、実験的（実証的体験的）な信仰というかれ独自の信仰のあり方を生み出したのである。

勇断

一八七三年（明治六年）廃藩置県などの諸改革により、父宜之も若干の公債を支払われて藩を退いた。内村はその時一三歳であった。父が、年の割合に早く隠居生活に入ったので、家はたちまち貧しくなった。一家はこれを機会に再び上京し、小石川区（文京区）上富坂町《かみとみざか》に居をかまえた。かつて有能な藩の官吏であった父は、鑑三を政治家にしたいと考え、ゆくゆくは大学で法学を学ばせようと、まず赤坂の英語学校「有馬学校」に入学させた。一年間の英語修得の後、内村は翌年東京外国語学校（東京大学の前身）の英語下等第四級に入学した。同級生中には後に明治の各界に重きをなした人物がいた。しかし内村はいつのころからか自分が法学に向いていないことを徐々に自覚し、進路について悩み始めた。後に内村は「文学（小説）と法律の本だけはとうとう読んだことがない」と語っている。そんなときに転機が訪れた。内村が最上級に在学していた一八七七年(明治一〇年)六月、開拓使御用掛の堀誠太郎という人が来校して札幌農学校第二期官費生募集のための演説をぶったのである。かれは非常な熱意と雄弁とで世界の大勢と北海道開拓の急務を説き、また、北海道の風物、農学校の校風、第一期生の寄宿舎生活の実情を説明し、しきりに応募を勧誘した。内村はこれを聞くと半ば救われた気持で応募の決心をし、叔父などに意見を聞いたうえ、即日父を説き伏せ、翌朝勇んで登校したのであった。当時内村より二級下にいて、生涯最もかれと親しかった宮部金吾は、その時の応募の理由を「北海道の新天地を開拓するという大きな希望に燃えてのことだったのは言うまでもないが、実は官費生の待遇がよかったからです。……内村君やぼくを始め、大ていは禄《ろく》をはなれた貧乏士族の子弟だったので、それに動かされたというのが実情です」と述べている。新しい開拓者精神が内村をして法学を捨てる決心をさせたのであろうし、官費による学費支弁が、貧苦の家庭に何の経済的負担もかけずに済むということで、これが父を説得する最大の条件になったのであろう。このように具体的な出来事を機会に自らの進路を決定するという決断の仕方は、内村の生涯に特徴的な点である。

明治初期の北海道と札幌

ここで内村の第二の故郷、当時の北海道の情況を語っておく必要があろう。「北海道帝国大学沿革史」は「当時北海道の人口わづかに十万、荒涼寂寞《せきばく》の境にして、札幌の人口またわづかに二三千を数ふるに過ぎず」と伝えている。内村自身の筆をかりよう。「ことに余の始めて北地に行きしころは俗人は寒《かん》を恐れてその地を踏むもの尠《すくな》く……夏ごとに有るがままの天然は山野を横領し、遠く汽力の便を藉《か》らずして郊外到る処に処女林に入るを得たり。……校門を出《い》づれば鷸《しぎ》の群は余輩の足下に翔《かけ》り来て秋候黄叢《こうそう》の到来を告ぐるあり」。まさに未開の地、文化果つるの地であった。四年後の卒業時にいたってもなお、札幌の人口は九千人に満たなかった。今はりっぱな札幌小樽《おたる》間の国道も、内村たちが渡道した直前に開けたばかりのでこぼこ道であったし、現在すばらしい自動車道路のある有名な温泉郷、定山渓《じょうざんけい》も、一晩泊りで原始林を分けて進まねば達し得ぬ所であった。

このような情況にあっては、思想的な動きもいちじるしいものは見られなかった。本土では、内村がまだ東京で有馬学校に学んでいた一八七四年（明治七年）一月、板垣退助が民撰議院設立建白書を提出し、以後自由民権運動は各地に澎湃《ほうはい》として起こった。また、一八七七年(明治一〇年)一月には西南戦争が起こり、九月下旬西郷隆盛は自決している。内村は西郷の敗色濃厚となった八月に東京を発って渡道した。後にかれがその著「代表的日本人」で最後の武士として西郷を第一に掲げているのも、このころから西郷がかれに何らかの感銘を与えていたからであろうか。さらに渡道から退道までの五年間（数え年一七〜二二歳）は本土では全国的な民権運動の高潮期であった。西南戦争の終結以後、藩閥政府の弾圧に抗して板垣退助・片岡健吉などの活動により、運動は進展した。そしてついにいわゆる「一四年の政変」によって、その年の一〇月、大隈《おおくま》重信《しげのぶ》らが野《や》に追われ、同時に国会開設の詔勅が発せられた。同月ただちに板垣らは自由党を創立し、翌年四月には大隈を中心とする立憲改進党も結成された。

ところがこの本土の政治的動きに反し、この一〇年から一五年にかけての北海道は民権運動にはむしろ冷淡な態度をとり続けた。民権家の呼びかけに対して北海道のジャーナリズムは「北海道は未開地であるから、藩閥政府の強力政策は必要である」として運動への参加を拒んでいた。もちろん当時の政府の北海道開拓政策がきわめて進歩的だったので、このころの北海道の思想状況も米国的フロンティア精神に満ちていたことは見逃し得ない特徴的事実である。しかし同時に、このように民権運動が北海道からは意識的に遠ざけられ、浸透し得なかったという歴史的背景は、内村の精神形成に間接的だがある役割を果たしたと思われる。

乳母校＝札幌農学校

本土における新しい政治の動きから遮断された北海道に、内村は一八七七年（明治一〇年）九月三日、第一歩を印したのである。時に数え年一七歳。法学を捨てた内村であるから当時の政治的な動きに対しては、すでにほとんど関心をもたなかったであろう。内村を新たに知的に訓練し、学問の仕方を教えてくれたのは札幌農学校であった。北海道開拓のため、官立の学校として新設された農学校は、当時の他の学校の大部分とは異なり、おもに米人教師を通して、開拓者的精神と、それを支える実用科学とを教えたのである。クラークの作った当時の農学校の、第一年級の学課表を見ると、この二つの目的達成のため、きわめて実業的、実用科学的な教育内容を重視している。この教育は自然科学的思考を訓練し、哲学的思考を排除させた。しかし他方、一般教養への配慮もいちじるしい。一般教育は、英語英文学史、英作文、英語演説法、心理学、経済学、練兵などで、後の内村に見られる英詩への興味、英文の熟達、演説の巧み、経済観念の発達、規律の重視などはかれの受けた農学校の教育と深く関係する。この他、学業の余暇には自分の好む学科を選んで学生各自が研究することになっていたが、内村は動物学、特に水産学を選んだ。高崎での幼時の魚獲《と》りはついに学問としてかれの興味の対象にまで高められた。また、農学校では、米人教師の意見により、農業実習の際、学生に手数料が支払われた。当時の一期、二期生は大部分安政の生まれで、まだ金銭を卑しみ、労働を蔑視《べっし》する「士族風の気性」を保っていた。しかし、真正な労働によって相応の報酬を得ることは正当であるとする米国的合理主義の精神は、たちまち小遣い銭ほしさの学生たちに受け容れられた。内村も農学校で初めてこれに接し、その恩恵をこうむった。ある年の夏休み、級友と二人で八十円の「チェムバースの百科事典」欲しさに、労賃一時間八銭のところを十銭に賃上げさせ、一教授の農場測量を手伝うことになった。しかし、労働の激しさと炎暑のため、内村は十数日にして倒れ、結局友人は二十二円余、鑑三はわずか九円しか得ることができず、百科事典どころか英和辞書さえ買うことができない有様であった。しかし内村は「これぞ自ら額に汗して働きし金なり」として喜んだ。この精神はかれの武士道的倫理と結びつき、きわめて誠実かつ合理的な経済観念をかれの内にはぐくんだのである。農学校は実用的実際的観念を内村に与えた。しかし、「神については何も教えてくれなかった。よって農学校は乳母校だとはいえようが母校だと呼ぶことはできぬ」とかれ自身はいう。けれども農学校の果したかれの精神形成

1880年（明治13年－内村鑑三は第3学年に在学）当時の札幌農学校の一部；最前部は寄宿舎，後部は復習講堂(一階食堂)，後方離れているのは化学講堂

上の大きな役割は、かれの自覚を越えるものであったと思われる。

勉学への精進

農学校での内村の勉強ぶりはどんなものであったか。「内村君は頭脳明晰《せき》でその学才記憶力については驚くべきものがありました。勉学も規則正しく、その努力も人一倍でありましたが、試験の成績をみるに製図と兵式体操を除く外はほとんど各学科に亘《わた》り、最高点を取らないものは無かったほどで、おそらく札幌農学校開始以来、内村君ほど最優等の成績をとった者は他に一人もあるまいと思います。それは君の平素の心掛けが良かったからで、いつ準備勉強するかは同室の私にも判らぬくらいでありましたが、試験の一週間前にはすべての準備が整い、俄《にわか》勉強のごときは決してされませんでした。この習慣、すなわち『規則正しい勉強』と『予《あらかじ》め準備しておく』ということは内村君の一生を通じて常に変らず保たれたものであります」。親友宮部の評である。かれの多才と精進を示す例証がある。当時農学校は学事奨励の意味で、主要学科の優等生に賞金を授与していた。一人の最高授与額は二十円以内であった。内村はいくつかの科で一人当り賞金額の最高額に達してしまい、他の科に入賞資格があるにもかかわらず、それらを棄権せざるを得なかった。一八七八年（明治一一年）七月五日の日記に「学業優等の故をもって金十七円五十銭を受領せり」と記している。

また、北海道農業の開発のため農家への啓蒙のために、農学校は明治一三年一月、月刊雑誌「農業叢《そう》談」を発刊したが、同年二月の第二号に内村は「米の滋養分《やしないぶん》」と題して分析表を載せ、米の滋養分の少ないことを説き、また、気候からいっても稲作は望ましくないとして畑作を奨励する論文を寄せている。もって活発な勉学活動の一端を知ることができる。

キリスト教との出会いと入信

内村の精神的変革において最も重要な意味をもつキリスト教との出会いを述べる前に、幕末から明治にかけてのキリスト教界の動きを大略知っておく必要がある。一六三七年(寛永一四年)の島原の乱以後、キリシタン(ジェスイト派=旧教の一派)は「隠れキリシタン」として幕末まで生き続けたが、もはやまったくその勢力はなかった。一九世紀に入ると、ルターに始まる新教(プロテスタンティズム)の極東、特に中国への伝道がすこぶる活発となり、日本にも日米修好通商条約を機に、内村の生まれる二年前の一八五九年(安政六年)までには、その後日本で活躍したおもな米国宣教師のほとんどが来日していた。明治政府は最初幕府のキリスト教禁制の方針を引き継いだが、諸外国の圧迫によりついに一八七三年(明治六年)二月、解禁令を出した。

内村はこの時一三歳で、翌三月有馬学校に入学したのであった。そして在学中のあるとき学友に誘われて外人居留地内のキリスト教会堂に何度か行ったことがあった。かれはこれを「日曜日の居留地遠征」と呼んでいるが「その唯一の目的は見物(sight-seeing)であつて求道(truth-seeking)ではなかつた」という。これがキリスト教と内村との最初の出会いの情況であり、精神的感化はほとんど受けなかったようであるが、キリスト教に関する知識の若干は得たであろう。

W. S. クラーク
（明治9年8月から8か月間，札幌農学校の教頭として第一期生を教え，その感化は内村鑑三等第二期生にまで及んだ。）

単なる出会いでなく、対決的情況が生じたのは札幌農学校においてであった。周知のごとく農学校は "Boys, be ambitious !"（少年たちよ大志をいだけ）の言で有名なW=S=クラークによって清教徒的倫理に基礎をおく校風を培《つちか》われていた。クラークは一介の教師であったが、伝道の念やみがたく、倫理教育はキリスト教によらなくては自分にはできぬと言って黒田清隆《きよたか》開拓長官の反対を押し切り、持参した聖書を一期生全員に渡し、毎日授業に先だって聖書の講義をするなど、かれの全生活をもってキリスト教による学生の教化善導に努めた。ただこの際注意すべきは、クラークが牧師でなかったから、宗教的儀式や形式に無頓着であったこと、また、かれは南北戦争の時の元軍人であり、かつかれの信仰がまだ多分に清教徒的な性格を残していたので、学生への人格的影響も非常に倫理的色彩の濃いものであったことである。このような特徴はクラークが作成した「禁酒禁煙の誓約書」および「イエスを信ずる者の誓約」に明らかで、第一期生は全員がこれに署名した。第二期生が到着した時は、すでにクラークは帰国していたが、信仰の高揚していた第一期生の基督者は、さっそく新入生に入信を勧誘し、クラークの残していった「イエスを信ずる者の誓約」に署名せよと迫った。有馬学校のときの「見物」から五年経った今、内村はこの北海の地で初めて「求道」を強制され、対決を強いられたのである。その誓約書には基督者として信ずべき事柄、守るべき誡命《いましめ》、行なうべき事項などが記されていた。内村は、わが国の神以外の神に忠誠を尽くすことはできないと、逆に神社（今の札幌神社）に詣でて、この新宗教熱を鎮めよとまで祈願し、頑強に反抗した。しかし親友が一人また一人と敵の軍門に降り、内村は精神的に孤立無援の心境に陥り、その淋しさに耐えられず、ついに降伏したのである。「自分の意志に反して。また……幾分自分の良心にも反して」。時に一八七七年（明治一〇年）一二月一一日のことで、その日の日記にかれは「『ヤソ教』の門に入る」とややアイロニカルに記している。

しかし「神は一なり」という思想は内村にとって実に感激的《インスパイアリング》であった。かれは八百万の神々を偶像として退け、種々のタブーを無視することができた。生来の敬虔な心情は神々から唯一の神に向けられて一層純化され、さらに多元的精神生活に伴う不安から脱し、今やより合理的な統一ある道徳体系を与えられた。かれは精神の自由を得て新しい人となった思いがした。

だがこの強制による、しかも友情に引きずられた入信は倫理的な面では内村を新生させたが、真の霊的な新生を生み出さなかった。これにはなお足かけ一〇年の苦闘を要したのである。

母なる北海の天然

新しい信仰を得てから内村は「山野を歩き回り、谷の百合《ゆり》、空の鳥を観察し、天然を通して天然の神と交わろうと努めた」という。かれが何よりも愛したものは北海道の天然自然であった。そしてこれこそ農学校に代わるかれの母校なのであった。「……彼女（札幌農学校）を囲む天然は日本国第一等である。彼女の南に聳《そび》ゆるエニワ獄、彼女の東を流るゝ石狩河、彼女の北を洗ふ日本海、彼女の西を垣するテイネ山、彼女を見舞ふ候鳥《わたりどり》、彼女を飾る春の花と秋の実、これありて彼女の俗気は充分に償《つぐな》はれた。余《よ》は彼女に育てられたりといふよりはむしろ彼女を囲む天然に養はれたる者であると云ふべきである。余は札幌農学校の産などとの称は拒むが、北海の子なりとの言は否まない」。当時の北海道は原野と原始林が札幌農学校を押し包むかのように間近に迫っていた。かれの当時の日記や友人への手紙は造化の手を離れたばかりの処女林やかれのふれ得た鳥類、魚類への新鮮な興味と愛好を伝えている。かれに水産学を専攻させ、卒業後漁業調査に精を出させたのも、また、純粋かつ野性的な信仰を培い、後に「空ノ鳥ト野ノ百合花」とか「帆立貝とキリスト教との関係」という題でキリスト教の講演をさせたのもこの天然であった。しかも、ダーウィンの「種の起源」を聖書に次いで愛読し、後年進化論とキリスト教との調和を意図させたのもこの天然の影響であった。内村はこの北海道の天然を通して与えられた深い感化を生涯神に感謝していた。

おもちゃの教会

「イエスを信ずる者の誓約」に署名した二期生のうち、一年後に洗礼を受けたのは一五名中の七人であった。この七人は上級生の集会を手本として小さな集会《ミーティング》をもった。内村はこれを後に「小さな教会《チャーチ》」「おもちゃ《トイ》の教会《チャーチ》」と呼んでいる。だがこのおもちゃの教会こそ後の札幌独立教会やかれの唱えた無教会キリスト教の根本的性格に通ずるものを持ち、内村のキリスト教把握の性格をすでに表わしていたといえる。集会のメンバーは新たに洗礼を受けた七人と、それに最初の二年間だけ加わっていた者が一人、計八人であった。この八人は自分たちの教会に対し、同一の権利と義務をもつこととした。日曜日がくると会員各自が順番に礼拝の司会者たり、牧師たるの務めを行ない、他はすべて一会衆として参加するという形をとった。そしてその日の当番牧師は、一会員のくふうしたメリケン粉の空樽《あきだる》でつくった講壇の向こう側に腰掛け、祈禱《きとう》、聖書朗読、説教、ついで各自の感話、祈禱、という順序で会を進めて行くのだった。この形式はクラークが上級生とともに行なったものとほとんど同じであった。この他になお二つの集会があった。一つは上級生との連合聖書研究会、もう一つは毎水曜日の週間祈禱会であった。内村はこれらの会で聖書を中心に、何種類かの外国注解書や宗教関係書を読み、いわば自力で信仰を培った。しかし会員はみな年齢的にも信仰的にも若かったから稚気《ちき》あふれる失敗も多かった。日頃燈油節約にうるさい数学の講師が酒を飲んで宿舎に戻ってきたので、集会を途中で放り出し、かれを雪中にころがし雪つぶてをくらわしたり、集会中口論をはじめたり等々。その中の一つ――ある水曜日の祈禱会の時、三時間の農場労働とその後の食事、そして平常通りの学課復習の後であったため、一同疲労と弛緩《しかん》の極にあった。だがいつものごとくその夜の牧師は自ら祈禱をもって会を始めた。一人ずつそれに続き、最後の者が祈り終えた。みなは牧師がすぐに自分たちを解放してくれるものと待ち構えていた。しかし牧師は無言であった。不思議に思って内村は頭を上げて牧師を見た。見よ、牧師は講壇にうつぶして熟睡しているではないか。内村は場合が場合であると考え、立ち上がって牧師に代わって、閉会の祝禱を唱えた。一同がこれに和し、疲れた頭を上げた。しかし牧師の頭はうつぶしたまま丸太のように動かなかった。――このような幼稚なうぶな集会であったが、内村は常にみなの先頭に立ち、精一杯に自らの心情をみなの前に注ぎ出し、熱烈な説話を試みた。これらの会合が内村に多くのことを教えたのである。在学中上京して都会のキリスト教会や信者に接しても、その形式、装いは格段に貧しく不備であったとはいえ、その本質において自分らの教会が少しも劣ったものとは思われなかった。内村たちにとっては集会が民主的、自主独立的、聖書本位の性格を持つことが眼目であった。このクラーク以来の、形式にとらわれない精神主義的なキリスト教把握は、一方では明治初期の札幌という地理的歴史的条件に負うところが大きかった。後年の無教会キリスト教の主張の萌芽がこの「おもちゃの教会」に見出されるといってよい。

札幌三人組

内村たちの信仰による交わりはかなり親密なものであったことが知られている。かつて応募の際、東都で最初に顔を合わせた宮部金吾、太田（新渡戸《にとべ》）稲造《いなぞう》、内村の三人は特に親しかった。「人生で思春期に生まれる交友関係ほど強力で親密で包括的なものは少ない」と、ある社会学者は言う。この三人の四年間の交友ほど、この言葉にぴったりのものはめずらしい。ダビデに対するヨナタンの友愛の深さに感動してその名を洗礼名に選んだ内村は、常に友情に厚く、この三人の中心的存在であった。この三人組を後に「札幌三人組」と名づけたのもかれであった。知的にはすぐれて才能豊かな内村も、性格の上では極めて不安定で円満を欠き、激しやすかったから、同級生とよく喧嘩をした。再び宮部に語らせると「ある日外出から帰って来た内村が、むずかしい顔をして室内にとび込むなり、ストーブの上にかけてあった土瓶《どびん》を手にとり、『宮部！ これを叩《たた》きこわしてもよいか』と不思議なことを言い出した。『よいとも』と答えたら、かれは力まかせに土瓶を床に叩きつけ、その物音に耳をすまし、飛び散る破片を眺めながら、『これでせいせいした』といって平素の顔つきを取り戻したが、何か気にくわぬことがあったのだろう」。しかし半面「武士気質《かたぎ》で、正直で、敬虔《けいけん》で、几《き》帳面なところがあり、友情に富み、また友人の忠告をよく受け入れる雅量をもってい」たという。一方の宮部は内村とは四年間終始同室であったが、生来温厚で決して怒ることがなかった。他の学生とはしばしば口論した内村も、宮部とは一度も喧嘩したことがなかったという。

札幌三人組

左から新渡戸（当時太田）稲造（後一高校長，国際連盟事務局次長等を歴任），宮部金吾（後北海道帝国大学植物学教授），内村鑑三。

太田と内村との関係については信仰的な面できわめて興味深い対照が見られる。太田は他の二人と異なり、哲学的性向をもち、卒業のころにはすっかり懐疑的になっていた。だがかれは「自分は神がわからなくなったけれども、宇宙には何か偉いものがある。Great Law がある」、と日記に書くだけの宗教的な深みを持っていた。内村は太田のこのような信仰の問題を理解することができなかった。内村は幼時から神の存在を疑ったことはなかったようである。むしろその存在を確信したがために、多神教から一神教に移ったのである。また他の友人たちより一層罪意識が強かった。「わが欲する所の善は之《これ》をなさず、反《かえ》って欲《ほっ》せぬ所の悪は之をなすなり」と新約聖書ロマ書にもらした使徒パウロの感慨を、このころの内村はすでに体験していた。太田はより哲学的・理知的で神の存在、さらに言えば神のなさを問題にし、内村は神の存在はすでに疑問の余地のない大前提とし、神の前の自己の罪を問題としたから、より倫理的であったとも言えよう。この質的差異は後に前者よりも後者をより明確な十字架の贖罪《しょくざい》信仰へ導くことになる。

ともあれ、内村のこの二人への友情がかれの当時の生活と信仰を支えていたのである。

合同教会の建設と独立

内村たちの信仰生活も二年後に上級生が卒業して新たな段階に入った。今や実社会に働く一期生との合同の教会堂が必要となった。この新教会堂建設に内村は中心的メンバーとして積極的に参画した。かれは学校生活の最後の一年を勉強以外にはほとんどこの仕事に当て、上京の折なども種々の教会堂の構造などを見学研究したりした。米国メソジスト監督教会から多額の借り入れ金を得たが、この計画はなかなか進捗《しんちょく》せず、内村たちの在学中には新会堂はついに日の目を見なかった。

一八八一年（明治一四年）七月九日、四年間の勉学と交友に終止符が打たれた。時に内村は数え年二一歳。卒業と同時に二期生の基督者はおもちゃの教会を解散し、全員新しい教会に合同することになった。今や一期生の一基督者の努力によって新しい教会堂が手に入ったのである。内村を中心とする理想主義的急進派は、自分たちが各教派を脱退し、その合同の場としてこの新教会を形成しようと努めた。そしてこの動きは一メソジスト派牧師のひどい仕打ちによって逆に促進され、一八八二年（明治一五年）一月、新教会は「札幌独立教会」として誕生し、ここに合同が成立した。教派から独立した日本最初の日本的教会であった。さらに思いがけないクラークからの援助と会員三十余人の共同の負担によって、多額の負債を返済し、同年一二月二八日、ついに名実ともに「独立」したのである。「歓喜、筆舌に尽くし難し！」と内村はこの日の日記に記している。

札幌独立教会

独立当時（明治15年12月）の仮会堂では全員を収容しきれなくなったので，明治18年7月，内村と同期の藤田九三郎の設計で竣工した新会堂。大正11年5月まで37年間使用された。

独立教会の特徴はかれの草した独立宣言四か条に明らかである。前の二か条で教派主義による同窓信徒の分裂と競争の不可なることを言い、次に厳格な信仰箇条、煩雑な礼拝儀式を排すること、最後に福音伝道は外国人によらずわが国人の義務なること、をうたっている。したがって新教会の組織はきわめて簡単で、五人の委員が管理に当たり、牧師を雇わず自分たち五人が交代で壇に立った。いずれも内村を含む一期、二期生の基督者がこの務めを負った。一般会員も教会に対し各人に相応の権利と義務とを受け持った。その民主性と単純性においてクラーク以来の学校での諸集会になんと似ているではないか。ともあれ内村が教会の独立にかくまで熱心だったのは、教派への反抗のゆえではなく、もっと本質的に独立ということが信仰の自由のために最も肝要なものであるという信念からであった。この意味の独立を達成するためには「主は一つ、信仰は一つ、バプテスマは一つ」（新約聖書エペソ書四章五節）という考えに立ち、教派を超《こ》えて合同するために教派からの分離がまず必要であった。そしてこの独立の教会は必然的に外国から独立した日本のキリスト教会を生み出す、これが内村たちの目的であり、謙遜かつ一徹な試みであったのである。この内村の考え方は後年主唱した無教会キリスト教の根本的性格を基礎づけたのである。

魂の戦い

――農学校卒業から渡米、帰国まで――

水産・進化論　一八八一年（明治一四年・二一歳）七月、札幌農学校を最優秀の成績で卒業した内村は、農学校の規定に従って同窓生一同とともに北海道開拓使御用掛の官吏（準判任官・月俸三〇円）となった。かれの仕事は北海道各地を旅行し、その水産を調査報告することであった。幼少のころから魚に興味を持ち、農学校在学中は水産学を専攻した内村は、卒業演説では「漁業もまた学術の一なり」と題して万丈の気焰を吐き、水産学が一つの科学として発達すべき必要性を説き、特に日本のように水産物に富む国では、その研究をゆるがせにすべきでないことを力説した。「日本一の水産学者になって神と国のために働こう」、若き内村はこう考えたに違いない。

かれの北海道での活躍ぶりは、数年後発表された「北海道鱈《たら》漁業の実況」「石狩川鮭《さけ》魚減少の原因」等によっても知られるが、かれが晩年まで大いに得意としたのは、北海道祝津《しくずし》村で行なった鮑《あわび》の繁殖に関する調査である。これは鮑がいかなる大きさに達したときはじめて卵子が成熟するかを調べた実験で、「鮑魚蕃殖取調復命書」として時の札幌県知事調所広丈《ずしよひろたけ》氏に提出されたものである。かれははじめて鮑の卵を顕微鏡下にとらえたとき歓喜おくあたわず、ただちに近くの山に登り、ひとり万物の造主《つくりぬし》なる真の神に感謝の祈りを捧げた。

この「鮑魚蕃殖取調復命書」は「わが国の水産業に関する科学的研究はこの調査書に始まった」と言われ、また二年後かれが東京で農商務省時代に作製した「日本産魚類目録」も、もし世に現われていたら日本魚学の先駆をなすものであった、と見られている。これは内村がすぐれた自然科学的素質の持主であったことを示すとともに、かれが農学校で受けた科学教育がいかに充実したものであったかを示している。もし内村が生涯の仕事として水産学を続けていれば世界的な学者になったであろう、とは多くの人の認めるところである。しかし水産学は内村の選ぶところとはならず、かれは三年後の渡米を機にこれを放棄するのであるが、若き時代に自然科学をとおして養われた科学的、実証的精神は、かれの全生涯にわたってその思想および信仰の上に大きな影響を与えた。

もう一つかれに大きな影響を与えたものに進化論がある。かれはダーウィンの進化論から、「天然は進化である、ゆえに万物ことごとく進化でなくてはならない」ことを刻みつけられ、また天然観察の精神と方法を実例をもって学んだと述べている。

真空

しかし内村は、このような輝かしい水産調査における成功や札幌独立教会におけるはなばなしい活躍にもかかわらず、農学校卒業後わずか一年半にしてこの思い出多き北海道を去らねばならなかった。

かれはこのころ心の中に空虚な箇所があることに気付きはじめたからである。それはかれがキリスト教の伝道に活躍してみても、また水産調査に成功しても、満たされないものであった。それが何であるかかれ自身にも分からなかった。「健康が衰えてきたために休息と楽な仕事とに憧れたのかもしれない。または、急に大人になってきたために伴侶を求める自然の欲求に抗し難くて、こんな焦躁と空虚とを覚えたのかもしれない」とかれは自伝に記している。この広い宇宙の中に自分の真空を埋めてくれる何かがあるはずだと考えた内村は、それを求めて放浪の途に上ったのである。

もちろん北海道を去るには具体的にも理由があった。北海道官吏の腐敗ぶりや、漁夫たちの道徳の低劣さは内村には堪えがたいものであった。かれは自分の仕事に疑問を感じはじめた。その上かれの弱い健康は水産調査の激務を長く続けることを許さなかった。一八八二年(明治一五年)一二月、札幌独立教会の最後の借金を返済するために上京した内村は、そのまま札幌へ帰らず、翌年四月御用掛を辞任した。

農商務省御用掛・学農社講師

東京に帰った内村は、生物学会に入り生物学・水産学の研究を続ける一方、同信の友、植村正久、小崎弘道らと「六合《りくごう》雑誌」の発刊に参画したりした。しかしかれには至急に何か職につく必要があった。当時かれの父は事業に失敗して一定の収入がなくすでに隠居の身で、両親をはじめかれの大家族(両親、祖母、弟三人、妹一人)を養う責任がもっぱら長男であるかれの双肩にかかっていたからである。御用掛辞任後かれはまだ十分回復しない健康のまま、わが国農学の先覚者津田仙(津田塾大学の創立者津田梅子の父）の経営する学農社で教鞭をとることになった。しかしこの学農社も半年後には経営不振に陥り、かれは再び職を捜さねばならなかった。

内村の職業問題の悩みは、「北海道の漁夫となるか、ガリラヤの漁夫となるか」の問として札幌時代にはじまる。それはかれの職業選択の規準でもあり、またかれの生活の原理でもあった「如何ニシテ、何時、マタ何処ニテ我ハ『キリスト』ノ為メニモ国ノ為メニモ最モ有用ナルベキカ」を誠実に問い続けた結果であろう。何事にも徹底してやまない内村は、「伝道」以外には自分を満たしてくれるものがないことをこの時すでに予感していたのではなかろうか。

当時の内村の宮部あての手紙によれば、かれが選択すべき職業は三つあった。第一に生物学、これはかれの最も好むところであるが、かれの職業選択の基準「我ハ如何ニセバ神ト人類トニ最モヨク仕エ得ベキカ」に照らして不満足である。ゆえに科学的生物学が神の命じたもうところとは思えない。第二に漁業、これは興味があり目下唯一の生活の道であるが、かれの弱い健康がこれを「社会に奉仕する生涯の目的」とすることを許さない。第三に伝道、否《ノウ》、と思う。かれの「余リニ激シ過ギル神経質、粗暴ナル性格、欠陥アル弁舌、弱キ感覚」が否《ノウ》という。その上養うべき大家族のことを考えると到底不可能である、と書き送っている。では結局何をなすべきか、かれはロングフェローの忠告、「働キテ待ツコトヲ学ベ！」に従うことによって現実的な解決をはかろうとする。

学農社を辞して後、三つの仕事、農商務省と水産会と同志社がかれの選択にゆだねられた。しかしかれは

第三回全国基督信徒大親睦会の記念写真
(前から二列目左から五人目が内村，六人目が新島襄。最前列左から四人目が津田仙，右端が海老名弾正。後から二列目左から四人目が小崎弘道，その隣が植村正久。)

いずれを選ぶべきかを知らなかった。その年の一二月に農商務省に入ったとき、かれの良心は数週間荒れ狂った。いかに家族のためとはいえ、北海道の苦い思い出をくり返しつつ、再び官吏の職につくことは堪えがたかったのであろう。しかし、この農商務省時代は渡米まで十か月余りの短い期間であったが、活動的な内村は前に述べた「日本産魚類目録」の作製をはじめ、各地の水産調査にも大いに活躍したのである。

このようにこのころの内村は、職業問題に悩み、健康はすぐれず、しかも養うべき大家族の重荷を負って日々を送らねばならなかった。内には真空をかかえ、内外ともに行き詰まった内村は、しだいに感傷的な世界にひかれ、そこに解決を求めたのである。

感傷的キリスト教

一八八三年(明治一六年)五月、第三回全国基督信徒大親睦会が

東京で開かれた。内村も札幌独立教会を代表してこの会に出席し、「空ノ鳥ト野ノ百合花」と題して講演を行なった。この講演は好評を博し、かれの名を一躍有名にしたという。一方東京の諸教会に広がりつつあった「信仰復興運動《リヴァイヴァル》」がこの会にも波及し、その雰囲気を異常なものにしていた。信徒たちの熱心な証言が行なわれ、異常な興奮の中でなにか奇跡的なすばらしいことが起こりつつあるように思われた。内村も一方ではこの現象を病的な一種の催眠術ではないかと疑いつつも、他方では自分の懐疑を押えつけ、なんとかこの霊的歓喜にあずかりたいと真剣に努力した。しかしかれの真空は依然もとのままであり、なんの喜びも湧いてこなかった。かれの科学的精神と深い罪意識がそれを妨げたのである。

一方真空を満たすことを首都の基督者との交際に求めた内村は、道徳的に弛緩《しかん》した感傷的キリスト教へと急速に傾いていった。「子供らしい無邪気と馬鹿正直」のまま、首都キリスト教の「土耳古《トルコ》風呂的社交界」のただ中へ飛び込み、宗教の名において男女の自由な交際を楽しもうとしたのである。

このようにして内村は、宮部が「内村君はこのころ非常に感傷的で浪漫的でかつ詩的でありました」と評するごとく、急速に感傷主義に傾いていった。したがってかれの手紙も精神的起伏が激しい。ある時は挫折感に打ちのめされ、「自分は弱い肉体と頭脳にもかかわらず、卒業生総代の名誉を得る為に余りに勉強し過ぎた馬鹿者ではないか」と自問している。また宮部によれば、このころ内村は神経衰弱にかかって一時熱海《あたみ》(静岡県)に転地したこともあるという。浅田タケとの結婚問題が起こったのはちょうどこのような時であった。

浅田タケとの結婚

この年の夏、内村は上州（群馬県）安中《あんなか》出身の浅田タケと知り合った。かれの見るところでは、彼女は「静かながら鋭く」キリストのために働きたいとの精神にあふれている婦人で、年は二一歳、「内省的？」で「容貌は平均以下だがその精神と信仰はまれに見るほどで非常に有用な婦人」であった。二人は急速に親しくなり、秋には二人の結婚問題を両親の前に持ち出している。元来内村の家庭は「女性問題」にきびしかったらしく、両親は二人の結婚に賛成ではなかった。特にかれの母は「利口すぎる、学問がありすぎる」と言って強く反対した。親思いの内村は両親と争うことに耐えられず、幾度かタケとの交際を断ち切ろうと決意しながらも後髪引かれて果たせず、悶々のうちに日を重ねた。このころ在京中で内村の相談にあずかった太田もこの結婚にあまり賛成ではなかったらしい。

しかしその年の暮には農商務省に職を得て経済的にも安定し、翌年、年が明けると事情は急に好転した。両親も二人の愛が純粋であることを認めてくれるようになり、さらに新島襄の仲介もあって両親も納得したらしい。しかしこのころになると内村もタケの複雑な性格の一面を知るようになる。「それは彼女の極端な無邪気か、あるいは彼女の軽率のいずれかであるが、盲目的な愛の目には前者のように見える」と一抹の不安を宮部に書き送っている。やがて三月二八日上野の「長蛇亭《ちょうじゃてい》」で二人は結婚式を挙げた。結婚式当日の宮部あての手紙によれば、結婚はかれにとって決して「浮カレ事」ではなく、あくまで「神と人とに善をなしたいとの大望」のゆえであった。これはかれの職業問題に対する態度と同じである。この結婚によってかれの「未来」は明るくなり、かれの現在は安らかになった。

しかし破局はすぐにやってきた。結婚してわずか七か月後、かれは宮部に「シカルニ最近、我ガ家ノ長キ間ノ動揺ノ秘密ハ暴露セラルルニ至レリ、而シテ噫《アア》！憐ムベシ、カレ、我ガ助ケ手、我ガ慰メ手、我ガ同労者ナリト我ノ信頼セルモノガ、悪者、羊ノ皮ヲ被レル狼《オオカミ》、ナルコトガ判明セリ、……我ガ良心ト聖書トニ問題ノ真ノ解決ヲ求メテ慎重ニ考慮シタル末、我ハカレヲ思ヒ切ルコトニ決心セリ、カレハイマ安中ニアリ」と破婚を報じている。

この破婚によって内村が受けた打撃は大きかった。主観的には、かれにとって結婚はあくまで神の栄光のためであった。その結婚が失敗に終わったところに打撃の深刻さがあった。「主ハ我ヲ棄テ給ヘリ、最早《モハヤ》我トシテハ神ニ仕ヘント努ムルノ要ナシ」とまでかれは思った。かれはなす術《すべ》を知らなかった。そこで両親と友人たちの勧めに従ってひとまずアメリカに渡り、そこで問題の解決をはかることになった。

渡米・白痴院看護人

一八八四年（明治一七年）一一月二四日朝、内村は目指すキリスト教国アメリカに到着した。サンフランシスコ上陸後七昼夜かかってアメリカ大陸を横断し、清教徒の地ニューイングランドに向かった。

フィラデルフィアに到着した内村は、旅費だけ工面して渡米した流竄《りゅうざん》の旅とて金銭の余裕なく、ただちに雨露をしのぐ場所を捜さねばならなかった。かれは間もなく、フィラデルフィア近郊エルウィン村の白痴院院長ケルリン博士に「ひろい上げ」られた。すでにクリスマスも近づいたころ、ケルリンは内村を親切にもてなしてくれた。かれは内村の境遇を聞いて深く同情し、当白痴院で働くように強くすすめてくれた。こうして内村は年明けて一月一日から大学の新学期が始まるまで、白痴院看護人として慈善事業に身を投ずることとなるのである。

内村の慈善事業への関心は札幌時代からのものであろう。結婚少し前、監獄事業に一生を捧げたジョン＝ハワードの伝記を読んで感激したことは、それに一層拍車をかけたことと思われる。「実行的慈善事業に顕《あらわ》るるキリスト教の結果をその本国において見る」ことを渡米目的の一つに掲げた内村は、白痴教育に身を投じた最初の日本人であり、それを日本に紹介した先駆でもあった。そしてかれは院長ケルリンから実際的慈善事業とはいかなるものであるかをつぶさに学ぶことができたのである。

しかし内村は後年かれの自伝において、この白痴院勤めの目的はルターのエルフルト僧院行きの目的とほぼ同じだったと述べている。「ただ『来たらんとする（神の）怒り』から逃れる唯一の避難所としてそこ（白痴院）を選び、そこで自分の肉を屈服させ、霊的の清浄に達し得るように訓練して、天国を嗣《つ》ぎたいと考えた」からだという。結婚の失敗という悲惨な結果に終わった感傷的キリスト教を根本的に反省した内村は、意志的・倫理的な精進によって問題を解決しようとしたのである。したがってかれの白痴院における生活は、まさに苦行僧さながらであった。

かれが勤めた白痴院は、二〇以上の数をかぞえることのできない白痴の男女約七百名を収容する大きなものであった。かれはそこで一ドイツ婦人の助手として最下級の白痴四十数名の訓練にたずさわる一方、一看護人として白痴の少年二二名を預けられた。かれは朝早くから起きて白痴たちのために衣食を整え、かれらの靴をとってその足を洗い、その糞尿の始末をし、しかも「ジャップ、ジャップ」と罵《のの》しられた。しかしかれは爆発しそうになる短気を押え、慢心を静め、ひたすらキリストの温順と謙遜とに倣《な》らおうとしたのである。まさにそれは「未だ曽《か》つて味わわざる生涯の苦戦」であった。

ある日曜日、かれの受持のダニーが反抗的で言うことを聞かず、それがために白痴たちは終日混乱をきわめた。大いに憤慨した内村は、ダニーを林の中に連れて行き、人知れず鞭を加えようと思った。しかしその日が安息日であることを思い起こした内村は、基督者の本心に立ち返り「今日は怒ってはならぬ、今日の責任は自分が引き受けよう」と思った。そこで白痴たちに、「今日のダニーは厳罰に価するが、安息日だから自分がかれに代わって罰を受け、夕食を食べないことにする」と宣言したが、白痴たちはそれを信じようとはしなかった。そしてその晩かれは食事をとらずに眠りについた。翌朝、この事が院内の評判となり、感動した白痴たちはダニーを詰問《きつもん》し、ダニーを下級の組に追放してしまった。これ以後子どもたちは内村を慕うようになり、もはやかれを「ジャップ」と呼ばなくなった。またダニーも内村の親友になったという。

しかしこのような慈善事業におけるいくぶんの成功もかれの罪の問題を解決してはくれなかった。三月八日の日記に、「きよめられることの重要さをますます感じつつある。『理想の清浄』は眼前にある。しかも自分はその状態に入ることができない。ああ、何というみじめな自分なのだろう！」と記している。「人は自ら勉《つと》めて善人たる事能わざる事」を身をもって学んだのである。

ところでかれの罪の問題は何であったのだろうか。先に引用したかれの自伝の続きに、すなわち白痴院勤務の目的が自己を訓練して天国を嗣《つ》ぐことにあった、と述べた後、「それ故に、実のところ、私の（白痴院勤務の）動機は自己本位だった。そしてその後の苦い経験の数々により、利己主義はどんな形をとって現われようとも悪魔のものであり、罪であることを学ばねばならなかったのである。完全な自己犠牲と全面的な自己忘却に他ならぬ慈善の要求に応じようと努力するにつれ、生来の利己心はあらゆる恐ろしい罪悪となって立ちあらわれる。我が内なる暗黒に圧倒され打ちひしがれて、私は言いようもない苦悩に身もだえした」と述べている。もちろんこれにはかれの後年の解釈が含まれていようが、白痴院におけるかれの戦いは、特にその後半は、人間に奥深く内在する利己主義との戦いであった。

白痴院時代内村は、一足先に渡米しかれと同じように人生問題に苦しんでいた太田と、しきりに手紙を交換して互いに慰めあっていた。ある時太田は内村の高慢、利己的傾向に鋭い批判を浴びせたらしい。それに対する返事の中で内村は「モシ汝ノ愛友タル我ニシテ己ヲ殺シ、ソノ誇リ、野心、此ノ世ノ名誉ヲ慕フ心ヲ打砕キ能ハザレバ、我ハ汝ノ友ト称《ヨ》バルルヲ欲セズ、……我ハ心ノ身窄《スボ》ラシキ状態ヲ真ニ恥ヅルナリ、神ノ御前ニ純潔ナル人トナルコトハ我ニトリテハ不可能ナリ、シカシ神ニ感謝ス、我ハ『キリスト』ニアリテ罪ヲ悔ユル罪人タリ得ルナリ」と書き送っている。これでみるとかれは自己の利己主義と戦う一方、その戦いが無益であることを悟り、聖書の福音に生きようとしているように見える。しかしかれが福音を全人格的に把握するまでには、かれの利己主義が職業問題という現実かつ具体的な問題できびしく試みられ、さらにアマストのシーリーという一人の人格を媒介とする必要があったのである。

かれは、この白痴院勤務の余暇のほとんどを読書に費した。アルバート＝バーンズの注解によって「ヨブ記」を読み、すべての禍いも神の摂理であり、その終局は善であることを深く心に刻印された。また「エレミヤ書」を読んで非常に感動し、以後滞米中は聖書は預言書の他はほとんど読まず、「如何にして自分の霊魂を救うかについてはキリストと彼の使徒とに学び、如何にして祖国を救うかについては預言者達に学んだ」と自伝で述べている。その他かれの読書は非常に広い範囲にわたっている。また教派問題、三位一体論、不可知論など、さまざまな問題に悩み、深い懐疑に陥った。神秘主義、特にスエーデンボルグに接近したのもこのころの内村の特徴である。

このエルウィン時代にかれは生涯の友人、D＝C＝ベルと知り合った。二人は鉄道馬車の中で偶然出会い、以後二人の友情はヨナタン、ダビデの故事にならって固く結ばれ（内村の洗礼名はヨナタン、ベルのそれはダビデ）二人の文通は以後四〇年間続けられ、内村がベルにあてた手紙は一八五通にも達している。

アマストか、ペンシルベニアか

ついに「慈善、すなわち『人を愛する』事業は『自分を愛する』傾向が徹底的に根絶されぬ限り我が物とならぬ」と看破《かんぱ》し、慈善は霊魂の癒《いや》しに無力である、と悟った内村は、白痴院を去ろうとして院長に相談し、その同意を得て大学に入る決心をした。

院長夫人はかれにハーバード大学政治経済学科をすすめてくれたが、これは問題にならなかった。

内村にアマスト大学入学をすすめたのは、再度の外遊中米国で静養していた新島襄であった。かれは内村の苦しみを知り、その解決のためには自分の母校であるアマスト大学が最適であると考え、また当時の大学総長シーリーとも親交があったので、内村にアマスト行きを強くすすめた。かれはまたこの重大な転機にある内村の良き相談相手となり、内村に偉人の伝記を読んで「偉人を造る神の方法を学ぶように」すすめた。

内村にはアマストの他にもう一つの大学が選択に供せられた。フィラデルフィアの親日家モリス夫人はペンシルベニア大学医学部に行くことを内村にすすめ、年三〇〇ドルの援助を申し出た。内村は、もし医学部に進めば、第一に今まで興味を持って来た生物学を続けることができ、第二に医学は福音伝道のために非常に有効であり、第三に医者になれば経済的に安定して「独立独歩」の伝道が可能になる、と考えた。この「独立独歩」が日本の伝道においては不可欠であると考えていた内村は、医学部入学が最も有効な間接伝道への道だと考えた。しかしペンシルベニアではたして信仰上の問題が解決できるかどうか疑問だと思った。それに対し、直接伝道のためにはアマストへ行き、シーリーの指導下に入ることが最善だと考えた。

内村はこの二つの大学の選択をめぐってきびしく試みられた。かれの養うべき大家族が窮乏にあえいでいることを考えたとき、ペンシルベニアにひかれ、直接伝道から逃れようとする自分を発見せざるを得なかった。そしてそのような自己の中に、神に頼り切らないでこの世に頼り、執念深く自己の安全を確保しようとする自我を発見して苦しんだ。かれは自己の中に根深く存在する利己主義と激しく戦わねばならなかった。アマストかペンシルベニアか、これは神に従うか、この世に従うかの二者択一の問題としてかれに選択を迫った。そしてペンシルベニアにひかれてゆく自分を、神の召命から逃れてタルシシに行こうとしたヨナにたとえ、神のみ声に従う時まで大いなる魚に呑まれて、しばらくの間暗黒の中に閉じ込められることを願うのだった。かれは苦しさのあまり、すべてを放棄して帰国しようかとまで考えた。そこで内村はペンシルベニア大学の奨学金が貰えるかどうかによって、ペンシルベニアかアマストかを決めようとした。ペンシルベニア大学から奨学金の許可がおりた。しかしその額は十分でなく、ペンシルベニア大学に行くためには、どうしてもモリス夫人の経済的援助が必要であった。「独立」を重んじた内村は、それをいさぎよしとしなかった。かれは神が自分を伝道へと召したもうと信じて、アマストへ行くべく決断した。こうして内村の生涯に決定的な意味をもつアマスト行きは決せられたのである。

この決断の時と前後して内村はエルウィンを去り、八月はじめ漁港として有名なグロースター港を訪れた。そこで三週間自分の将来について考えつつ祈禱と断食に時を過ごし、健康の回復に努め、米国式漁業を視察した。そして新島襄に「顧レバ明治一四年(一八八一年)以来幾度トナク漁舟ト漁網ヲナゲ捨テ、人間ノ漁《スナドリ》ニ着手セントセシモ、外ハ一家ノ貧ヲ思ヒ、内ハ己ノ愚ト不足ヲ悟リ、進マントスレバ妨ゲラレ、退カントスレバ良心ノ推ス処トナリ、実ニ進退度ヲ失ヒ、梶《カジ》ナキ舟ノ心地致シ、何時カ天ヨリ声アルアッテ、弟《テイ》ヲ安キ港ニ導クナラント待ツ事ココニ五カ年……」とかれの札幌以来の天職の問題がやっと解決したことを報じ、また「魂の最大の重荷はグロースター港の底深く投げ込まれた」とその喜びを報じている。このようにして内村はすべてを神のみ手にゆだねて身一つでアマストへ向かって行った。

アマスト大学

内村が留学したころのアメリカは、一八六一〜六五年の南北戦争が北軍の勝利に終わって北部産業資本が確立し、資本主義が急速に成長しつつある時代であった。世はその経済的発展のかげに物質文明、機械文明、金力万能の頽廃的風潮を呈し、史家たちはこの時代を「金箔時代」と称している。

アマスト大学
（内村が入寮したノース・カレッジとジョンソン・チャペル。1966年12月川島重成氏撮影。）

しかし内村が学んだアマスト大学は、このような世俗の風潮から隔絶し、世俗主義的なハーバード大学に対抗してニューイングランド古来のピューリタン的学風をもって任じていた。したがってその学風は保守的で、知育よりも徳育を重んじ、事業よりも主義を重んじ、識量よりも鍛錬を重んじ、権威に頼らぬ独創的人物の育成を目的とした少数精鋭主義の大学で、専門教育よりもむしろ多面的教養を有する市民の育成をその任務としていた。またこの大学はクラークの母校でもあり、その意味では内村の信仰の故郷でもあった。その上「天造の円形劇場」と内村に呼ばれた周囲の自然の美しさは格別で、遠くホリヨーク火山脈をはじめとする山々、近くの丘、コネチカット川、森や林の美しさは、一人異郷にあり激しい内面の戦いの中にあった内村をどれほど慰め励まし

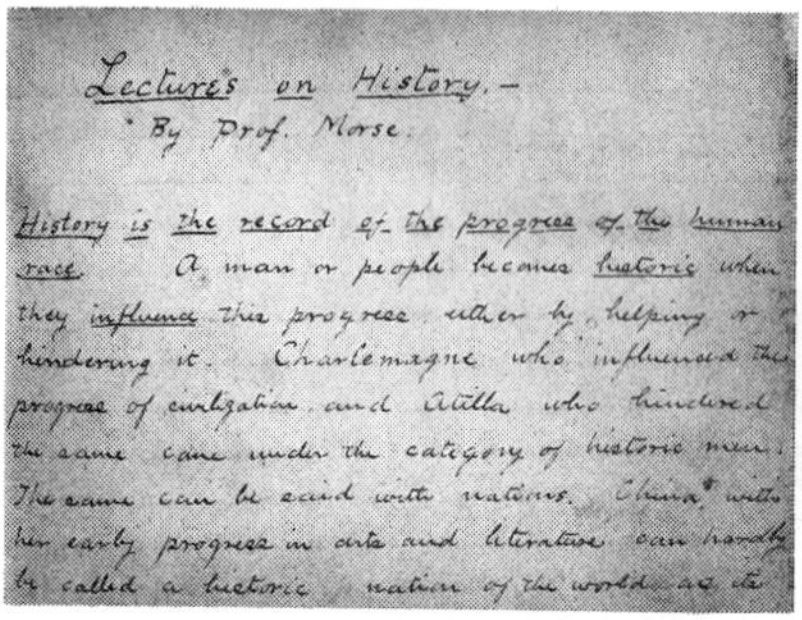

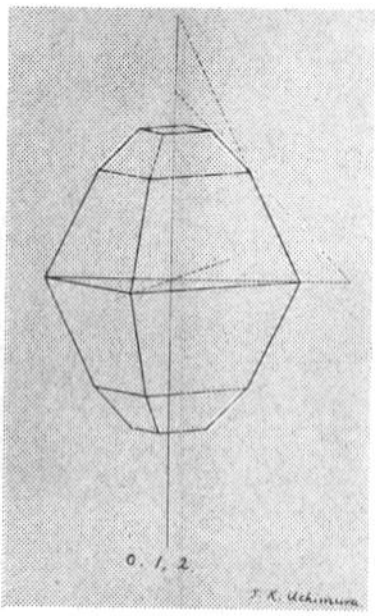

アマスト時代のノート
（左はモース教授の歴史学のノート，右は鉱物学のノート。）

てくれたことであろうか。

わずか銀貨七ドルをポケットに、ギボンの「ローマ衰亡史」五巻を旅行カバンに、内村が初めてこのアマストに来たのは一八八五年（明治一八年・二五歳）九月、秋風の吹くころであった。かれはただちに選科生として第三学年に編入され、かつ二年間の授業料を免ぜられ、寄宿舎の一室を無料で貸し与えられた。北寮四階の一室に落ち着いた内村は、小さな洗面器とランプの他満足な家具とて無かったが、「全能の神が御自身を示して下さるまでは断じてこの場所から動くまい」との決意のもとに、大学生活をはじめたのである。

選科生としての二年間にかれは歴史学、ドイツ語、聖書注解学（旧約史と有神論）、ヘブライ語、心理学、倫理学、哲学、地質学、鉱物学等を修めた。歴史はかれの好むところであったが、かれはこれをモース教授に学び、特に歴史観、すなわち「歴史を人類進歩の記録として、特に進歩を促進あるいは妨害する者の興亡の歴史として学ぶこと」を教えられた。これは内村の思想形成に大きな役割を果たしたと思われる。聖書注解学はかれ一人のために設けられた特別講義で、神学博士フィールド教授とともに三学期間宗教上の討論会を続けることができた。比較宗教学が専門のこの教授は、内村の中にある儒教その他の善き異教精神を引き出し、それを聖書の基準に照らして比較考察したが、内村は異教（儒教・仏教・神道）の美と真を大いに論じたという。自然科学（地質学と鉱物学）はかれの最も得意とするところで、その中に何よりの精神的慰安を見いだすことができた。しかし哲学には閉口したらしく、心理哲学では生まれて初めて落第を喫してしまった。具体的直観的思考にはすぐれていた内村も抽象的な面では当時は全然だめだったらしい。

しかしアマストにおける勉学の特徴は、このような個々具体的な課目よりもむしろ、かれが学問の方法と精神を体得することができたことであろう。かれははじめて学問の真味を味わうことができたという。このことは内村の後年の著作活動および伝道活動に大いに役立った。また何よりも独立を重んじた内村は、だれからも金銭的援助を受けようとはしなかった。そのため相当額の生活費を苦学して工面せねばならなかった。

十字架の発見

アマストで内村に最も大きな感化を与えたのはシーリー総長その人であった。内村はこの一人の人格を通してかれの信仰生涯の最大の転機となった回心を経験したのである。

シーリーは母校アマスト大学卒業後ドイツに留学したこともあり、敬虔《けいけん》派の影響を受けるとともに、ニューイングランド古来のピューリタン的正統神学を固く守った教育家で、牧師の経験もあった。内村がシーリーの中に発見したものは尊大な学識や威厳ではなく、「嬰児《えいじ》のごとき謙遜」と「先生がその偉大なる人格と学識とを全部主イエス＝キリストに献《ささ》げている」姿であった。これを見て内村のキリスト教観は一変した。そして毎朝の礼拝堂におけるシーリーの聖書朗読と祈禱は、かれの一日の戦闘の準備として欠くべからざるものとなった。

入学して約六か月後、一八八六年（明治一九年・二六歳）三月八日の日記に、かれは「余の生涯においてきわめて重大なる日なりき。キリストの贖罪《しょくざい》の力は今日のごとく明瞭に余に啓示せられしことかつてあらざりし。神の子が十字架に釘《くぎ》付けられ給ひし事の中に、今日まで余の心を苦しめしすべての難問の解決が存するなり。キリストは余のすべての負債を支払ひ給ひて、余を堕落以前の最初の人の清浄と潔白とに返し得給ふ。今や余は神の子なり、余の義務は耶蘇《イエス》を信ずるに在り。彼のために、神は余の欲するすべてのものを余に与へ給ふべし。彼は彼の栄光のために余を用ひ給ふべし、而してついには余を天国に救ひ給ふべし」と記している。晩年のかれの回想によれば、これはシーリーの次のような言葉を契機として起こった。「シイリー先生は一日私を呼んで教へてくれた。『内村、君は君の衷《うち》をのみ見るから可《いけ》ない。君は君の外を見なければいけない。なに故己に省みることを止めて十字架の上に君の罪を贖《あがな》ひ給ひしイエスを仰ぎ瞻《み》ないのか。君のなすところは、小児が植木を鉢に植えてその成長を確定《たしか》めんと欲して毎日その根を抜いて見ると同然である。なに故にこれを神と日光とに委《ゆだ》ね奉り、安心して君の成長を待たぬのか』と」。この時はじめてかれは信仰の何《なん》たるかを教えられたのである。このようにして内村は十字架の贖罪《しょくざい》の信仰を全身全霊をもって受け取った。かれの「全能の神の前に責任を負う霊魂」ははじめて平安と歓喜を得たのである。かれの実験に基づいて書かれたと思われる「求安録」によって少し補足しよう。

かれが白痴院において神と人とに仕えようとしたとき、またかれが直接伝道を決意して神意を満たそうとしたときの信仰はどうしてかれを救わなかったのか。かれは言う「我は神の義と正とを信ぜり、しかれども神の全愛を知らざりし」と。すなわち、神の愛は善行をもって交換できるものと考え、まず自分の行為により自分の義によって神と友人となり、しかる後に神と対等条約を結ぼうとしたところにかれの最大の高慢があった。神は無限の愛であるから、この無限の愛に対して「我の為すべきことは、我をまったくその手に託《まか》すことのみ」である。ところがこの愛を十分受けなかったところに誤謬《ごびゅう》があり、罪があった。それゆえに神は自分を苦しめたのだ、と内村は言う。そしてこの罪の解決はイエス＝キリストの十字架においてはじめて与えられる、とかれは主張する。求安録の中ではその実験を次のように記している。

「罪人の長《かしら》なる余も終《つい》にこの歴史上の大事実を忽《ゆる》がせにする能はざるに至れり、洗礼を受けて後十数年、種々の馬鹿らしき経験と失敗の後、天賦の体力と脳力とを物にもあらぬもののために消費せし後、余は余の罪の有りの儘《まま》にて、父の慈悲のみを頼みにて父の家に帰り来り、理屈を述べず義を立てず、ただ余の神が余のために世の始めより備へにし、神の小羊の贖《あがない》に凴《よ》らざるを得ざるに至れり。嗚呼《ああ》神よ余は信ぜざるを得ざれば信ずるなり、耶蘇《イエス》キリストの十字架のために赦すべからざる余の罪を赦せよ、余は今爾《なんじ》に捧ぐるに一の善行のあるなし、余は今余を義とするために一の善性の誇るべきなし、余の捧物《ささげもの》はこの疲れ果てたる身と精神となり、この砕けたる心なり（詩篇第五十一篇）、時に声あり、余の全身に染渡《しみわた》りて曰く、汝の捧物《ささげもの》は受納せられたり、汝旧衣を脱して我が汝のために備へし義の衣を着よと、われ答へて曰く、『爾の僕《しもべ》此《こ》処にあり爾の聖意に依りてわれを恵めよ』と、時に余は徳流《とくりゅう》のキリストより我が身に注入するを感ぜり（マルコ伝五章三十節）、而して歓喜平和感謝の情は交々《こもごも》来つて余の心を満たし、余をして席に堪へざらしめたり、余はただちに林中里離れたる所に至り、鵯《ひよどり》枝に巣を結び、羊鳴《ようめい》遠く聞えて声微《かす》かなる処、独り清流の辺に跪《ひざまず》き、感謝の祈禱を捧げたりき、余の祈禱に今は一つの願ひ事の存するなく、ただキリストなる言ひ尽されぬ神の賜物について神に感謝するのみなりき」。

　この激しい回心の体験は、これに続く一年半の静かな大学生活の中で、かれの中に深く浸透し、「快《こころよ》き道理感」となり、「深き強き論証」となっていった。かれは親しい友もなく、手紙もほとんど書かず、ただ深く自己に沈潜し、独白と内省のうちに思いをただキリストの十字架の救いの事にのみ集中して、毎日を送った。地下室から四階まで石炭入れを運ぶ間すら、キリスト、聖書、三位一体、復活などの問題について黙想した。そしてかつてはかれの最大の躓《つまず》きの石であった予定の教義も、今や「余は神の選民の一人にして、世の基礎の置かれざる以前にかれの世嗣《よつぎ》として予定されていた」という確信として、かれの信仰の隅の首石《おやいし》となったのである。

　聖書の研究は、イザヤ書、エレミヤ書、ヨブ記および黙示録を批評注解付きで読んでいる。特にかれは聖書解釈に一つの方法を見いだした。それは「聖書ノ夢ノゴトキ心霊的解釈法」ではなく、進歩的な批判的聖書解釈を取り入れつつ、自然科学や歴史学の知識を駆使した聖書解釈であったと思われる。かれがエルウィン時代すでにかれの古い聖書に記していた言葉「天然・歴史・聖書ハ神ノ人類ニ対スル啓示ノ三鼎足《ていそく》ナリ」が示すように、預言者的直観に恵まれていた内村は、天然、歴史の中にも神の救済の御業《みわざ》を豊かに見ることができたのである。

注目すべきことは内村が回心後「日本のために働く」という使命感をより鮮明に与えられたことであろう。一二月五日の日記にかれは「神の摂理我が国民の中にあらざるべからずとの思想により、多大の感動を与へられたり。……神は二十世紀間鍛錬によりて得られたる我が国民性が米欧思想によりて全然置き換へらるるを欲し給はざるなり。キリスト教の美点は神が各国民に与へ給ひしすべての特性を聖《きよ》め得るにあり。福《さいわい》なる、奨励的なる思想なる哉、日本（J――）もまた神の国なりとは」と記している。遠い異郷の空にある内村の目にはかれの愛する日本は単なる日本でなく、固有の歴史的使命を持ち、世界と人類とのために存在する神聖な実在であった。内村はこのキリストによって聖《きよ》められるべき日本の中に、基督者としての使命を見いだしたのである。以後かれの愛は「二つのJ」（Jesus と Japan）に向けられ、それ以外のものに向かわなかった。かれの墓碑銘のことばもこのころ聖書に書かれたものである（写真参照）。かれの把握した使命はこのことばのように雄大なものであ

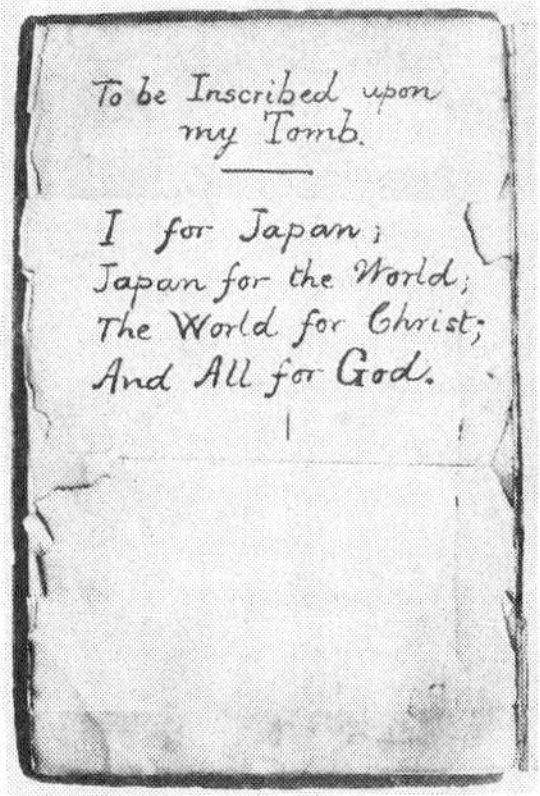
To be Inscribed upon my Tomb.
I for Japan;
Japan for the World;
The World for Christ;
And All for God.

内村が古い聖書の見返しに書き残した文字（アマスト時代に書かれたものといわれる）

った。

神学校・帰国

ペンシルベニアよりもアマストを選び、アマストで真の福音をつかんだ内村は伝道を自分の天職として自覚するようになっていた。一八八七年七月アマストの業を終えた内村が神学研究に直接向かったのは自然であった。こうして同年九月コネチカット州のハートフォード神学校に入学した。シーリー先生も神学者であり、フィールド先生も神学博士であった。内村はアメリカにおいて多くのすぐれた牧師や神学者に接し、神学校をも始めから毛嫌いすることを誤りだと思ったのであろう。しかし実際に神学校へ来て見るとやはりここは内村には到底合わなかった。伝道が一つの職業として、金銭と結びついて取り扱われていることに一番堪《た》えられなかったらしい。こうして翌年一月末にははやくも神学校を退学して帰国を考えるようになる。実際問題としては長い間の精神的戦いでかれの健康はそこなわれ、ひどい不眠症に苦しめられたためでもある。三月一〇日ニューヨークを出発し、内村は帰国の途についた。

Ⅱ　権力に抗して

教育者としての活動

——不敬事件を中心に——

北越学館　明治二一年五月に帰国した内村は、早々に同志社の新島襄から招きを受けたが、それを受諾しなかった。かれは一度はアマスト大学入学の前後に、同志社で働きたいとの意志をいだいたことがあった。しかし、その後の新島の経営のあり方がかなりの程度、外国に依存するものであったので、独立心の旺盛な内村は、このようなあり方に同意できなかったのである。

ところが、新潟に北越学館という学校があった。この学校は、阿部欽《きん》次郎によってはじめられ、組合教会系の外国人宣教師や、牧師の成瀬仁蔵（後にキリスト教信仰を捨てて混合宗教を奉じ、日本女子大学を創立した）らの協力のもとにあり、生徒数、百数十名の学校として経営されていた。

内村は滞米中すでに、この学館から招きを受けていたらしく、北越学館が独立自営の方針であるのに好意をいだき、かれ自身の抱負が実現できると考えて、ひそかな期待をもっていた。

二一年六月六日に正式に赴任を受諾し、九月十日に教頭として就任した。かれは、札幌時代から胸に燃やし続けてきた独立精神をここでも自らの行動の原理としたのである。かれは友人ベルにあてた手紙の中で、この学校が政府の援助もなく、外国の伝道団体からもいっさいの助けを受けないで、純然たる日本人の手で興された、日本はじめてのキリスト教的学校であることを誇らかに述べている。同時に内村は当時の外国人宣教師が日本人を一段低く見下す態度には我慢ならず、ある人にあてた手紙の中ではっきりと「宣教師の手にまかせては人物の養成は不可能である」と述べている。

かれは百数十名の生徒にエレミヤ書を一週四回講じた。「彼等ハ我国ニ乏シカラザル気高キ愛国者ノ模範ヲコノ『涙ノ預言者』ニ見出シ、恍惚《こうこつ》トシテ聞キ居リ候、小生ハ基督《キリスト》教ハ弱者ト柔弱者ノミノタメナリトノ考ヲ彼ラノ心ヨリ根絶シ、真ノ英雄行為ト高キ愛国心トハ『イエス』ノ『精神』ニ満タサルルニ依ツテノミ可能ナルコトヲ彼ラニ教ヘント試ミ居リ候」。内村は説教をしないで講義をした。聖書を買うことすら強制しなかったが、生徒はかれの人格からほとばしり出る説話にひきつけられて、自ら進んで聖書を買って、かれについてきたのであった。

二つのJを標榜《ひょうぼう》する内村は、その愛国心と独立の信念によって、当然のことながら外国人宣教師や牧師成瀬仁蔵と学校行政の問題をめぐって衝突した。内村は自らの信念に忠実に従って奮闘したが、失敗し、同年一二月に早くも北越学館を辞任し、再び上京する。

この事件に関連して、棚橋《たなはし》一郎、志賀重昂《しがしげたか》らの国粋主義者が関係していた雑誌「日本人」が内村鑑三擁護論を掲載し、また明治二四年に後に詳しく述べるように内村の「不敬事件」が発生すると、雑誌「国会」は北越学館における内村の国民主義的行動を引用して、かれが勤王心ある人物であると表明した。

上京した内村は、二二年三月から東洋英和学校に勤務し、万国史を翌年二月まで講義している。また同じく三月より、「水産伝習所」（現在の国立東京水産大学）で有用動物学を講じ、明治女学校高等科で生物学を講義したりした。

二二年七月に、内村は同藩の出身者で、自分と幼少のころの遊び仲間であった横浜加寿子《かず》と結婚した。時に内村二九歳、加寿子二一歳であった。かれはこの主婦としてふさわしい妻を深く愛し尊敬した。内村は、不敬事件の渦中に病に倒れたかれを看病し、それが因で過労となって病没したこの妻に対して、終生敬慕の念をいだいていた。

一高嘱託教員

二三年九月に、内村は第一高等中学校（以下、一高と略）の嘱託教員となった。かれはこの学校とそこに集められた優秀な生徒たちに心から誇りをもち、学校の近くに居を移して、自宅を学生に開放し彼らの訓育にあたった。内村は友人ストラザースへの手紙の中で述べている。「……現在僕ノ仕事ハ帝国大学ニ入学準備中ノ青年ノ間ニアリ、僕ノ勤メ居ル学校ニハ千二百ノ生徒アリ、将来ノ日本ノ精華《せいか》ガソコニアルナリ、ソノ仕事ハ実ニ緊張セルモノナリ、宗教、政治、哲学、科学ハ生徒各自ノ特質ニ従ッテ論ゼラルベキナリ、僕ト妻ノイマ住ム小サキ家屋ハコノ学校ト大学ノ生徒ニ開放サレ居レリ、彼ラハ何カニ依リ皆ナ僕ノキリスト信者ナルコトヲ知レリ……僕ノ国民主義的基督教観ハコレマデ彼ラヨリ何ノ反対ヲ受ケザリキ、僕ハモチロン彼ラノ異教的感情ノ何モノニモ阿《オモ》ネラズ、シカシ彼ラノモノタル善ニシテ高尚ニシテ有徳ナル特性ハ僕ハコトゴトク彼ラニ容認スルナリ、概シテ彼ラハ『本国ノ基督信者』ガ『憐ミ』ヲイダク以上ニハルカニ善キ連中ナリ、僕ハ彼ラに対シマタ日本ノ青年ニ対シテアラユル種類ノ善キ事ヲナサントスル計画ヲ有ス……」。内村がいかに生徒を愛し、また生徒もかれを敬愛したかがうかがわれる。

このような愛国者内村を、キリスト教に反感をもつ狭量な国粋主義者たちは迫害したのであった。内村はこのために職とともに最愛の妻を失い、生涯における最も深刻な打撃をこうむったのである。その次第を次に述べよう。

時の流れ

明治初期の鹿鳴館時代に象徴される欧米文化一辺倒の時代は去り、その反動として二〇年前後から徐々に国粋主義・国家主義的色彩が濃くなり始めた。藩閥政府は自分たちを攻撃する人々を、言論三法――(1)保安条令・二〇年一二月　(2)新聞紙条令・二〇年一二月　(3)集会及政社法・二三年七月――をもって弾圧した。二二年二月一一日に大日本帝国憲法が発布され、二三年一〇月三〇日に教育勅語が出されている。

明治政府は自分たちの政治的権威を維持するために天皇制を強化する必要があると判断し、そのために天皇に一種の宗教的ベールをかぶせたのであった。いわゆる天皇の神格化がそれである。時の枢密院議長伊藤博文は二一年六月に帝国憲法草案の審議が枢密院で行なわれた際、会を始めるにあたって自らの所信を表明した。かれによれば、ヨーロッパ諸国は歴史的に古くから憲法政治が行なわれ、国民もこの制度に習熟している。また宗教＝キリスト教が存在して国民の心に深く滲透《しんとう》しており、これがその「機軸」となって、国家

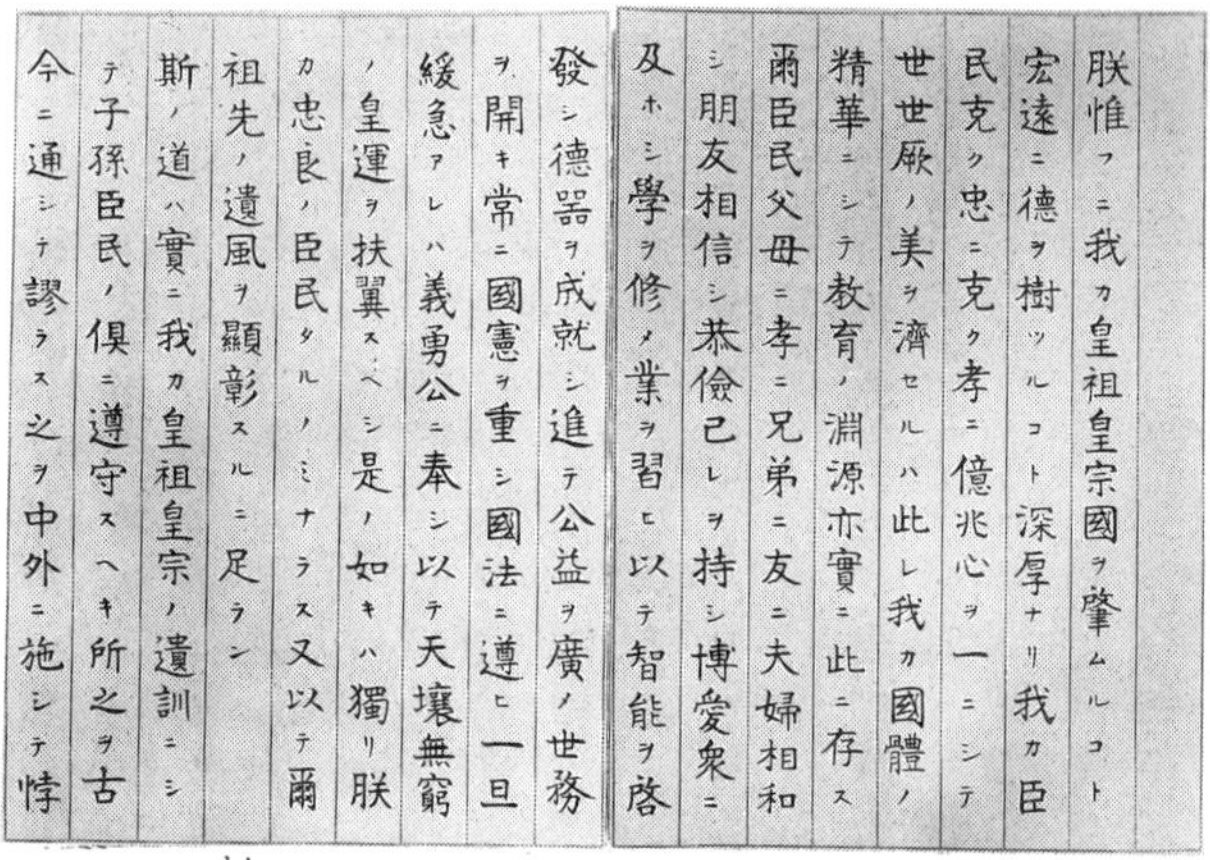

朕惟フニ我カ皇祖皇宗國ヲ肇ムルコト
宏遠ニ德ヲ樹ツルコト深厚ナリ我カ臣
民克ク忠ニ克ク孝ニ億兆心ヲ一ニシテ
世世厥ノ美ヲ濟セルハ此レ我カ國體ノ
精華ニシテ教育ノ淵源亦實ニ此ニ存ス
爾臣民父母ニ孝ニ兄弟ニ友ニ夫婦相和
シ朋友相信シ恭儉己レヲ持シ博愛衆ニ
及ホシ學ヲ修メ業ヲ習ヒ以テ智能ヲ啓
發シ德器ヲ成就シ進テ公益ヲ廣メ世務
ヲ開キ常ニ國憲ヲ重シ國法ニ遵ヒ一旦
緩急アレハ義勇公ニ奉シ以テ天壤無窮
ノ皇運ヲ扶翼スヘシ是ノ如キハ獨リ朕
カ忠良ノ臣民タルノミナラス又以テ爾
祖先ノ遺風ヲ顯彰スルニ足ラン
斯ノ道ハ實ニ我カ皇祖皇宗ノ遺訓ニシ
テ子孫臣民ノ倶ニ遵守スヘキ所之ヲ古
今ニ通シテ謬ラス之ヲ中外ニ施シテ悖

（明治天皇の宸《しん》署がある—東京大学所蔵）

の秩序が保たれている。それゆえ日本においても憲法を制定するに際しては、まずその「機軸」を確定しなければならない。ところが日本の宗教は弱体で、国家の「機軸」になることができないと伊藤は判断した。かれはさらに「我ガ国ニ在リテ機軸トスベキハ、ヒトリ皇室アルノミ」と断定したのである。こうして欧米社会においてキリスト教が果たしている機能を、日本においては天皇制が果たすことになったのである。天皇制は政治的秩序の中核であり、究極目的であると同時に、国民の精神的中核、倫理的規範の源泉ともなった。このことは時の政治権力者の頭の中で考案されたものだとはいえ、およそ人間を神とする傾向が日本の民衆の中に存在していたからこそ、それを土壌として成立し得たものであるといえるであろう。

　明治政府の意図した人間神格化の方向は唯一神を信じる内村にとっては根本において容認できないものであった。内村のこの思想的前提が不敬事件の根底にある。

　政府は天皇制を日本全国津々浦々にまで徹底させるために、

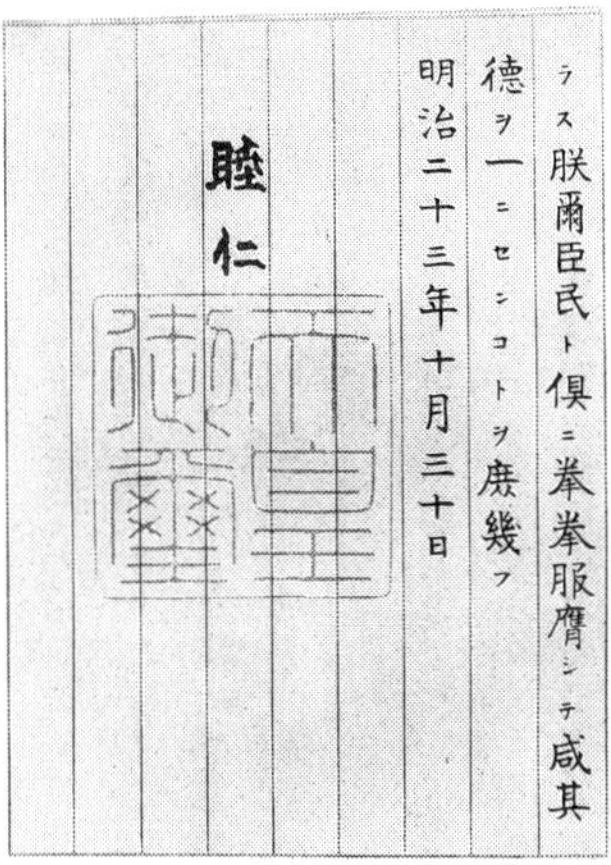
ラス朕爾臣民ト俱ニ拳拳服膺シテ咸其
徳ヲ一ニセンコトヲ庶幾フ
明治二十三年十月三十日
睦仁
天皇御璽

教育勅語

天皇・皇后両陛下の写真（「御真影」といった）を各府県に授与した。一高にそれが授与されたのは二三年七月であった。同年一一月三日の天長節祝賀式にはこの御真影の「奉拝」を儀式の一コマとした。御真影を奉拝することは、一高に限らず、これを授与されたところでは大部分が行なっていたようである。

　教育勅語は二三年一〇月三〇日に「渙発《かんぱつ》」された。この教育勅語について当時の一高校長木下広次《ひろつぐ》は一一月三日天長節祝賀式に際して訓話している。かれによれば教育勅語は日本の教育の基礎であり、学制の大本であって、決してただの学説などと同一視すべきものではない。これに違反する者は日本国民ではなく、これ以外に日本国民の進むべき道はない。つまり教育勅語は絶対君主である天皇が、日本国民に下し与えた倫理規範なのであり、これに対してその内容を批判することは許されるはずがないというのである。

　当時日本には七つの官立高等中学校があったが、これら七つの高等中学校に明治天皇自らが御自分の名前―睦仁―を署名された教育勅語が授与された。この天皇の署名を宸署《しんしょ》という。一高には一二月二五日に授与され、この日は休暇中であったので、寮に泊っていた生徒一同が文部省におもむき、この勅語を「拝受」した。

各地の高等中学校では宸署の教育勅語を拝受したので、教育勅語奉読式が行なわれた。「官報」に略述されているそのありさまを読むと、その事大主義的・権威主義的な取り扱いに驚かされる。

不敬事件—その経過

一高においては、二四年一月九日（金）始業式にあたり教育勅語奉読式が挙行された。一高倫理講堂の中央に天皇・皇后両陛下の御真影を「奉掲」して、その前面の卓上に宸署の勅語を「奉置」し、教員および生徒が「奉拝」した後、校長木下広次が病気欠席のため、校長代理を兼ねていた教頭久原躬弦《くはらみつる》がこれを「奉読」し、教員および生徒五人ずつが順次に宸署の前に出て、これを奉拝したのである。奉拝の対象は後に誤り伝えられている「御真影」ではなくして、教育勅語に明治天皇が署名された宸署すなわちサインであった（小沢三郎著「内村鑑三不敬事件」参照）。

奉拝は宗教上の行為であって、これは自らが信ずるものに、心からの尊敬と畏怖の念をもって頭を下げることを意味する。内村にとって、奉拝の対象は唯一絶対にして隠れたる神のみであった。それゆえかれは宸署であろうと御真影であろうと、敬意をもって取り扱うことはあっても、決して奉拝することはできなかったのである。

内村は仏教や神道において、祖先の遺物にお辞儀をすることが儀式として定められていることは知っていた。がしかし宸署に対してそのようなお辞儀をすることは、教頭久原が事大主義的発想に基づいて考えついたものにすぎない。内村にとってはもちろんはじめての儀式のことであり、それに応ずる心の用意がなかった。

内村が段に登ってお辞儀をする順番は三番目であった。ほとんど考える時間がなかったので、内村は勅語の前に進み出て、疑いつつためらいつつ、頭をちょっと下げたが、とうとう礼拝はしなかった（友人ベルあての手紙には bow とある）。かれは自らの行為に理論的な確信はなかったが、基督者としての良心に従ったのである。それはかれにとって薄氷を踏むような恐ろしい一瞬であった。

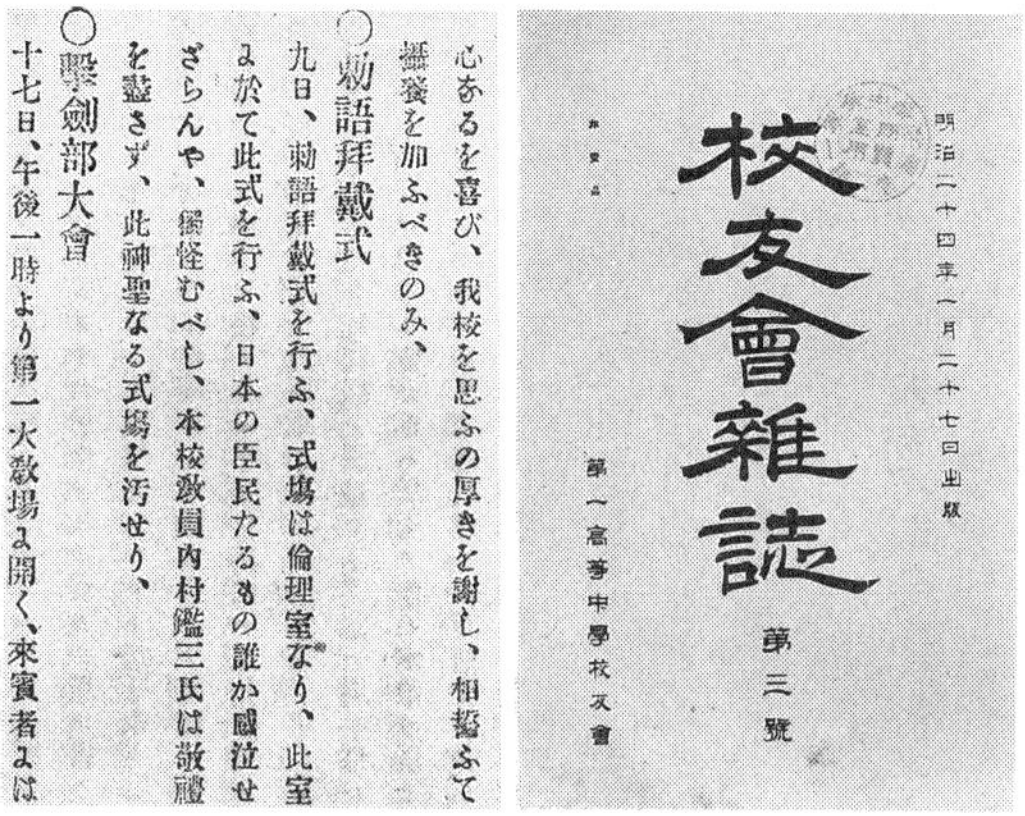
明治二十四年一月二十七日出版

校友會雜誌

第三號

第一高等中學校校友會

心あるを喜び、我校を思ふの厚きを謝し、相擕ふて攝養を加ふべきのみ、

○勅語拜戴式

九日、勅語拜戴式を行ふ、式場は倫理室なり、此室に於て此式を行ふ、日本の臣民たるもの誰か感泣せざらんや、獨怪むべし、本校教員内村鑑三氏は敬禮を盡さず、此神聖なる式場を汚せり、

○擊劍部大會

十七日、午後一時より第一大教場に開く、來賓者には

内村の不敬事件を報じている一高校友会雑誌の部分　（東京大学所蔵）

後にかれを一高から排斥した国粋主義的分子も、内村が敬意を全然表明しなかったとはいっていない。——大問題になってから一高教授岡田良平（後に文部大臣となる）は内村に対し、お辞儀のしようが足りないからもう一度やり直せといったこともその証拠である。——この点からみても内村は勅語に対して、敬意を表わすべく頭をちょっと下げたことは確かなようである。そしてまた内村のとった態度は決して傲岸《ごうがん》不遜《ふそん》なものではなかったと、そのとき一高生徒として列席していた後の一高教授岩元禎《てい》はいっている。

内村は宸署奉拝を宗教的な礼拝と解釈したので、信仰に基づいて拒否したのである。かれはこの事件によって受けた傷を終生いやすことはできなかったので、しばしば青年たちにその事を語ったり、日曜日の自分の集会の席上で述べたりした。かれは青年たちに次のように語ったといわれている。「面倒になりそうだということは前から分っていたので、基督者の同僚（中島力造、木村駿吉）は当日ワザと休んでしまった。僕も休もうかと思ったができなかった。いよいよ僕の番が来たとき、ずいぶんためらった。よほどオジギしようかと思った。しかし当時すでに僕に頼っていた学生が十数名居て、ジット僕を見ているのだ。それを思った時、ドーしてもオジギはできなかった。僕はチョット頭を下げた。それからアンナさわぎになった。何しろ僕も若かったし、それにちょうどカーライルの『クロムウェル伝』を夢中で読んでいた時だったからね」（山本泰次郎訳補・ベルにおくった自伝的書翰）。

内村は前々から当時の社会的風潮として、天皇を拝む風習が徐々に盛んになってきたことを知っていたので、勅語奉読式が自分たち基督者にとって面倒なことになりそうだとはうすうす気がついていた。休んでしまえばことはそのまま終わってしまうことを知っていたが、休むにはあまりにもかれは良心的であった。

内村は重大事件に直面しても、理論的に問題解決を先き取りすることをしなかった。これはかれの生涯を通じて種々の機会に見られるところである。この場合も行動をおこす際に、いささかの不安ももたなかったというのではない。内村は常に事前にいろいろと動揺する人であった。しかしいったん自分の信仰によって立ち、良心にとがめるところがなければ、他人の驚くような、思いきったことをすることしばしばであった。

この場合でも内村は前もって宸署礼拝を拒否しようと考えていたのではない。自分の信ずる唯一絶対なるキリスト教の神以外は礼拝してはならぬという、良心の瞬間的な判断によって宸署礼拝を拒否したのであった。しかしこの瞬間は、内村によって天皇の神格化と国家至上主義とが原理的に否定された、日本近代史における記念すべき決定的瞬間であった。

「クロムウェル伝」の影響

内村は当時カーライルの「クロムウェル伝」を読んでおり、この本がかれの心情に相当な影響を与えたらしい。かれは明治四二年一〇月に自分が刊行している「聖書之研究」誌上において「読書余録」と題し、この本について次のごとき感想を吐露《とろ》している。「カーライル著『コロムウエル伝』の余に及ぼせし感化については、余はこれを叙するに足るの言辞なきを歎《たん》ずる、……時は明治の二十三年、余が嘱託教員として東京第一高等学校に雇はれた時であった、余はこれを得て何物をも忘れて読み続けた、余はこれに由《よ》って自由と独立との愛すべく貴むべきを深く教へられた。而《しか》して読んで半ばに至りし頃、余は高等学校の倫理講堂においてその頃発布せられし教育勅語に向かって礼拝的低頭をなせよと、時の校長代理理学博士某に命ぜられた、しかるにカーライルとコロムウエルとに心魂を奪はれしその当時の余は如何にしても余の良心の許可を得てこの命令に服従することができなかった、余は彼らの勧奨に由って断然これを拒んだ、而してそれがために余の頭上に落ち来りし雷電《いかずち》、……国賊・不忠・……その結果として余の忠実なる妻は病んで死し、余は数年間余の愛するこの日本国において枕するに所なきに至った。余の肉体の健康はそれがために永久に毀《き》損せられ、余の愛国心は甚大の打撃を被りて余は再び旧時の熱心をもって余の故国を愛する能《あた》はざるに至った、実に余の全生涯にわたるこの世の不幸はすべてこの一瞬間より来った、しかし余は今に至りこの事のありしを悲しまない……若しこの『伝記』が余に起ししこの事件なかりしならば余の生涯は平々凡々取るに足りないものであったらう、余は真個の洗礼をこの時に受けたのである、水の洗礼にあらずして火の洗礼を余はこの時に受けたのである、而してこれに由って余は始めて少しく信者らしき信者となったのである、……吾らは国に反《そむ》いてこの事をなしたのではない、良心の声を重んじ、良心に反くのは国を欺くのであると信じたからこの事をなしたのである」（傍点筆者）。

　われわれは右の文章で内村がいかに良心を重んじているかに注目しなければならない。かれにとって良心とは人格の重みそのものであった。そして当時の日本はいまだ一人一人の国民の良心の価値がいかに重いものであるかを知らなかった。

不敬事件の結果

　内村のこの拒絶は大問題となった。一高の過激な学生たちはもちろんのこと、一部の国粋主義的思想に傾く教師たちは基督者内村を「国体」に合わずとして排斥した。激昂《げきこう》した学生は、折から流行していたインフルエンザにかかり病臥中の内村を訪ねて、詰問したり、玄関に石を投げ込んだりした。この学校内の事件をある新聞が報道すると、たちまち全国の新聞がこれをとりあげた。内村に対する非難の声は全国的にたかまっていった。病気療養中であった校長木下広次は病をおして上京し、事件収拾にあたったが、校長一人の善意でおさまるほど問題は容易なものではなかった。

校長は内村が自らの良心に従ったこの行為を是認するとともに、日本の風習として天皇に対するお辞儀は礼拝を意味するものではなく、単に尊敬の意を表明するものであるから、事件をおさめるためにもう一度宸署にお辞儀するよう内村に要請した。内村は前には敬礼が宗教的礼拝ではなかろうかと疑っていたので、宸署に敬礼することに躊躇《ちゅうちょ》したのであったが、敬礼が宗教的礼拝でないという校長の確言によって、自分の良心の咎《とが》はなくなったので再び敬礼することを決意した。そして病気中であったので同じ基督者の一高教授木村駿吉に代わって敬礼してもらったのである。一月二九日のことである。

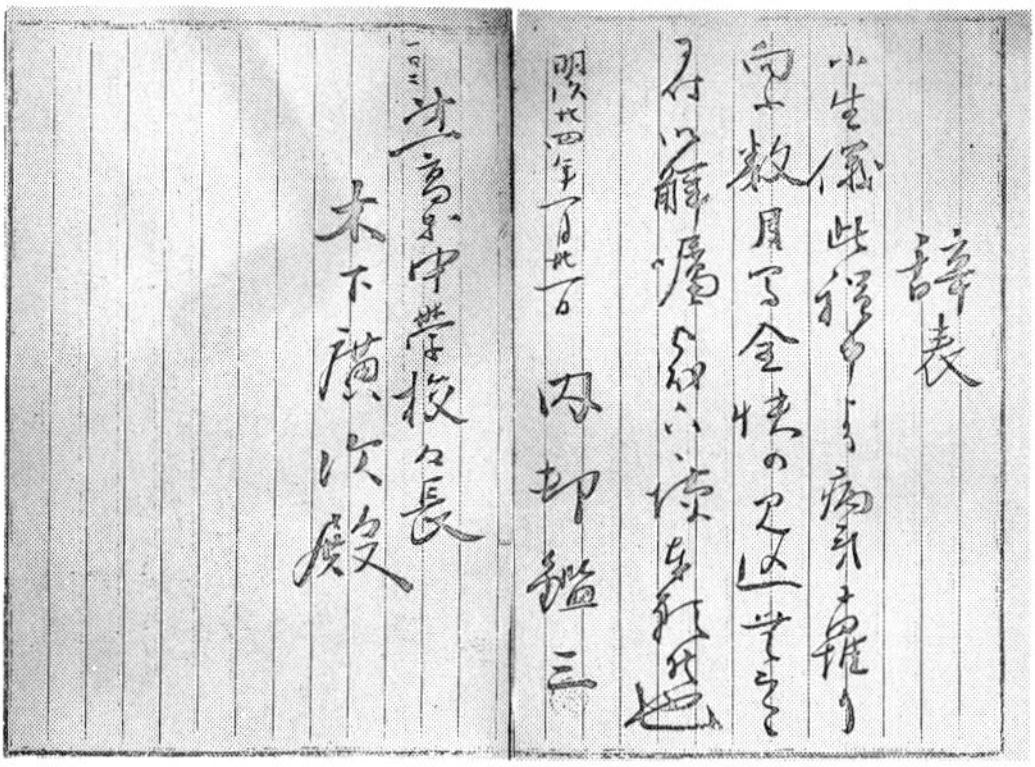
辞表
内村鑑三
第一高等中学校々長
木下廣次殿

辞表——(これは内村の筆跡ではない—東京大学所蔵)

　インフルエンザが肺炎に悪化して生死の境をさまよった内村が、病癒《い》えて知った第一のことは、病気中に一高当局へ辞職願が出され、それが受理されて二月三日付で一高を退職——依願解嘱——していることであった(写真参照)。

　内村の苦境に際して種々さまざまの形で事件処理に努力した一高教授木村駿吉は、生徒の一部からかれも内村の同類であるとして排斥された。ジャーナリズムも誤解に基づいた資料をもとにかれを非難した。そして突然二月二三日付で「非職を命ず」という一片の通知によって、かれもまた一高を追放されたのであった。この処分は正当なる法的手続をまったく欠くものであったので、かれは弁明書を出し文部大臣に公明正大な取扱いを要求したが黙殺された。

この一連の事件は、天皇制国家を軌道にのせてようやく順調に動きはじめていた明治政府にとって、触れてはならぬ問題に触れたものであった。つまり天皇神格化に対する唯一神教＝キリスト教からの教義的否定である。それゆえ時の政府は常識的判断によっても、また法律的判断からしても、木村に対する処置がまったく不当なものであると知りつつ、「臭いものにはフタ」式の態度を押し通したのである。

一高の教員たちは冷静に観察・判断してみれば自分たちの同僚が少しも不正・不当な行為をしていないのは明白であるにもかかわらず、文部当局＝政治権力からの一片の通知をもって職場を追われたことに、何らの抵抗を示さなかった。かれらは真の教育の尊厳・権威を認識していなかったのである。

キリスト教への非難

内村個人に関係していた非難が次第にキリスト教そのものに向けられていった。国粋主義者、仏教徒、神道の人々はキリスト教が日本の国体に合致せず、不忠不孝の教えを説いて日本の安寧《あんねい》秩序を乱し、国を滅ぼすものであるという非難を浴びせたのである。

これに対して当然キリスト教の側からも、事件勃発以来内村を弁護してきたし、また不当なキリスト教非難に対しても応答している。ことに植村正久は「福音週報」によって、強硬論を吐き、そのためこの福音週報は発行禁止になったほどである（写真参照）。ただしキリスト教界の一部では、内村が後になって宸署敬礼が宗教的礼拝でないとの理由で敬礼を代行してもらったことを、不徹底であるとして批判した。

この事件によって日本の社会から葬られた内村には個人的にも大きな打撃が重なった。愛する妻加寿子が死んだのである。事件の最中重い肺炎のかれを不眠不休で看病し、家に押しかけてくる荒々しい学生たちに、書生の山岸壬五《じんご》とともに応対したのは彼女であった。彼女は夫の看病による疲労と、事件の渦中にまきこまれての心労に倒れ、夫と同じく肺炎にかかり三か月病床に身を横たえた後、二四年四月一九日にこの世を去った。二三歳の若さであった。わずか一年九か月の結婚生活であったが、その生活態度は夫に対しまた夫の家族に対する献身そのものであったといわれている。彼女は未信者として内村と結婚したが、昇天する数か月前から深く神を信じ、病床にあって常に祈った。その祈りも夫のこと、夫の家族のことだけであって、ひと言も自分については祈らなかったという。

福音週報
THE WEEKLY EVANGELIST
CONTENTS
Religious News
Miscellaneous
A Sermon
Family Life
Correspondence
Advertisements

福 音 週 報

内村はこの妻を深く愛しその著「基督信徒の慰《なぐさめ》」（七一ページ参照）を妻に捧げ、後年にいたるまで四月一九日を、加寿子永眠の日として追憶している。

宗教と教育の問題

事件はさらに発展した。キリスト教に対する偏見は日本各地にはびこった。たとえば熊本県知事松平正直は二五年六月中旬、教員は勅語に従うべきであるから、キリスト教を信ずる者は処分すると演説した。また同県の高等小学校の生徒で、キリスト教信仰を有するという理由で退校になった者もいたのである。

東京帝国大学教授井上哲次郎は二五年一〇月、雑誌「教育時論」に「宗教と教育との関係につき井上哲次郎氏の談話」というのをのせた。かれはこの中でキリスト教は愛国心にそむくものであると説いた。この談話がいわゆる「教育と宗教の衝突」事件の発端となったのである。井上の談話の内容に対し、本多庸一《ほんだよういち》（青山学院の創設者）、横井時雄（本郷教会牧師、後政治家として活躍）その他が論駁《ろんばく》した。

井上はこれらの反駁に答える意味で「教育時論」二七九号から「教育と宗教の衝突」という文章を連載しはじめた。これを当時の教育関係の雑誌や仏教雑誌が転載したので、問題は全日本に広まっていった。井上は仏教徒ではなかったが反キリスト教という立場に立ったため、仏教側もこれに呼応したのである。

井上はキリスト教が国体と一致しないという自らの論証のために、仏教系の「令知会雑誌」、「天則」の記事を基にした。しかしこれらの雑誌がのせた内村の不敬事件に関する記事は間違っていた。内村は二六年三月に「教育時論」二八五号で「文学博士井上哲次郎君に呈する公開状」を書き、井上の考えを反駁した。かれはこの公開状においてまず哲学者――井上は哲学の教授であった――は公平・完全なる材料をもって自己の所論を立てるべきであるのに、井上はそれを怠り事実に反した内容を述べていると非難した（井上は後に自分の誤りを訂正した）。キリスト教徒が儀式において勅語に敬礼しないことが、かれらの日本国に対する不忠、勅語に対する不敬であることを示すものであるという非難に対して内村は答えた。「しかれどもここに儀式にまさる敬礼の存するあり、即ち勅語の実行これなり、勅語に向かひて低頭せざると勅語を実行せざると不敬孰《いず》れか大なる、我が聖明なる　天皇陛下は、儀式上の拝戴にまさりて実行上の拝戴を嘉《よ》みし給ふは、余が万々信じて疑はざるところなり。畏《おそ》れ多くも我が　天皇陛下が勅語を下し賜《たま》はりし深意を推察し奉るに　天皇陛下は、我ら臣民に対し、これに礼拝せよとて賜わりしにあらずして、これを服膺《ふくよう》し、即ち実行せよとの御意なりしや疑ふべからず……」。

内村は儀式においては勅語をうやうやしく拝していながら、所かわれば野卑な猥《わい》談にうつつをぬかす者が教育者にも少なくないことを喝破した。教育者に限らない、日本のすべてが乱れていた。

厳格な儒教倫理を幼少より身につけ、それをピューリタン信仰をもってさらに清潔・堅固にしていた内村は勅語の内容から判断しても、自己にやましい点は何もなかった。それゆえ彼にとっては、不敬漢、不忠者呼ばわりはまったく片腹痛かった。

内村は自己の信仰と教育勅語の内容との間に矛盾を感じなかったようである。しかしそれゆえかれが天皇制＝天皇神格化を容認したと解釈することはできない。確かにかれは皇室に対する尊敬の念を終生失わなかった。しかしかれの信仰は人間を神にまつりあげる天皇制とは絶対にあいいれない。「日本の亡びる兆がある。人間を神として崇《あが》めるところに人間の堕落がある」と晩年の内村はある人に語ったという。

社会活動の時代
——平和と戦争——

苦悩と混乱

一八九一年(明治二四年)は内村にとって苦悩と混乱の年であった。一高を追われた後、肺炎と腸チフスはやっと癒《い》えたが、激しい心労のため再発した不眠症——内村は在米中、回心という精神的激動の後しばらく不眠症に悩んだ——は癒《いや》しがたく、晩春には北海道札幌に、初夏には越後高田に転地して療養につとめねばならなかった。同時に失職した内村の上には経済力のない家族を扶養する責任——年老いた両親とまだ若い弟二人・妹一人の世話をする責任がかかっており、しかもかれと亡くなった妻の医療費はますます借金をふやしてしまった。

切迫した家計は内村にいつまでも療養を続けることを許さない。かれは不眠症と戦いながらも東京市内の教会の英語バイブルクラスを担当し、雑誌に論文を投稿したりしていた。後述する論文「日本国の天職」もこのころ(二五年四月一五日)に前述の「六合雑誌」に発表されたものである。翌二五年秋になってやっと定職を大阪市梅田の泰西学館という中学校に見出すことができた。この学校の教員として、内村は翌年の四月まで大阪で暮すことになる。そのうえキリスト教関係の雑誌のために多くの論文を執筆した。かれは当時「一週少なくとも一論文を書いた」と言っている。前章で触れた「文学博士井上哲次郎君に呈する公開状」

はその論文の一つである。

内村の生涯において単行本として出版された著作は数多いが、その処女作「基督信徒の慰」は大阪時代に出版された(二六年二月)。この時代の内村を知るためには「基督信徒の慰」を見過すことはできない。なぜなら、「愛するものの失せし時」、「国人に捨てられし時」、「基督教会に捨てられし時」、「事業に失敗せし時」、「貧に迫りし時」、「不治の病に罹《かか》りし時」という六つの章にわけられたこの書は、すでに各章の表題が示しているように、著者の個人的な経験をとおして受け取った霊のなぐさめを説明したものだからである。不敬事件をきっかけにこれら六つの試練が一度に内村を襲った。これらの試練を《余は如何にして基督信徒として堪えしか》が語られているのである。

「基督信徒の慰《なぐさめ》」

内村は六つの試練を英雄的に平然と受けとめたわけではない。とくに最愛の妻との死別はあまりに大きな痛手だった。「余は余の愛するものの失せしに因《よ》りて国も宇宙も——時にはほとんど神をも——失ひたり」、とさえ告白している。しかし、内村にとってこれらの試練は「暗く見ゆる神の恵み」であった。この世のものにではなく、神にのみ頼るということの意味をよりよく理解させるために、神から課せられた訓練である。すべての訓練は、当座は喜ばしい恵みとは思われずむしろ暗く悲しいものと思われる。しかしそれを忍耐して通過した者は鍛えられて信仰における平安が増し加えられる。愛する者を死によって奪われた内村は世の苦しむ者、悩む者にいっそう濃《こま》やかな愛を注ぐことを決意し得た。世人からは国賊、不敬漢と罵られ、教

シズ夫人とともに
（熊本時代＝明治26年）

会の信者からは福音と愛国心を混同する異端者と非難されたとき、狭苦しい国家や教会から解放されてひとり神とともにある喜びを知り、しかも己れを捨てたかれらをなお愛するという、そのような愛を学んだ。教会から追い出されて「余は無教会となりたり」と著者は言っている。この著書で初めて内村は無教会という言葉を使った。貧窮・病弱もまた、人生においてなくてはならぬただ一つのものは何かを実験をとおして教える神の訓練であった。なくてはならぬただ一つのもの、内村にとってそれは富でも健康でもない、神より与えられる霊の平安である。

大阪時代と結婚

かれの保護を必要としている家族を東京に残して、内村は、ひとり大阪に赴任《ふにん》した。しかし、大阪時代のすべてが孤独と忍耐に尽きていたわけではない。赴任の年も押しつまった一二月二三日にかれは岡田シズと結婚した。シズ夫人は当時一八歳、以後内村の生涯の終わりまで苦楽をともにすることになる。夫人の父岡田透《とおる》は、当時は京都市の判事であり、弓術の大家でもあった。「関西あるいはこの術においてかれに優《まさ》る者はなけん」と内村は自慢している。その父のもとに育ったシズ夫人は「自分の国語以外に何をも語ること能はず、自分の国の風俗・習慣の外に他を知らず、その宗教を除」けば純然たる日本婦人であった。ただ宗教という点に関しては、すでに彼女は信者であった。「最も簡単なる」キリスト教ではあったが、従順・柔和・謙遜を備えた守護天使である、と内村は喜んで在米の親友ベルに「新しき伴侶」について報告している。この「一人の天使」の協力を得て内村は翌年の一月初旬から日曜学校を始めた。来会者は内村夫妻以外に二〇名ぐらいであった。

教育界への失望

かれ自身の家庭は再建された。しかし、教師としての仕事の方はうまくいかない。泰西学館の経営が行き詰まってきたのである。もともと貧乏なこの学校は、内村が赴任してきたころには実はもう先きが見えていた。翌年（明治二六年）四月、内村は熊本英学校に転任した。この学校の校長蔵原惟郭《くらはらいかく》の招きによるものである。蔵原とは明治一六年以来のつきあいであって、アメリカ留学中には、ボストンで一か月ほど同じ宿屋に泊っていたこともある。この学校に内村は一学期だけ在職して七月にはまた早くも辞職した。辞職の理由は、北越学館、一高、泰西学館の場合のようなハッキリした衝突があったわけではない。熊本には最初から夏までしか在職しないつもりでいたのである。内村は泰西学館をやめたとき、すでに日本の教育界に失望していた。日本の学校教育は人物養成を目的としているると称しているが、実は役人または職人養成のためのものでしかない。永遠にわたる真理をきわめんと欲するのが学生の願いでもなければ、またこれをかれらに吹き込んでかれらを「真個のゼントルメン」に作り上げようとするのが教師の目的でもない。それゆえもはや既成の学校で自分が働くのは無益である。自分自身の自由になる財源で学校を経営するのでなければ、教育事業には決してたずさわるまい、内村はこう決心した。

評論家として立つ

「口を噤《つぐ》まれし余にとりては今は筆をとるよりほかに生存の途がなくなった」と後年その当時を回想して内村は述べている。教育界を去るべく決心したかれに残された職業は、筆一本で生きる評論家としての仕事以外になかった。この仕事に自信満々で就《つ》いたのではない。「最後の手段に追い込まれ」、「著述することを余儀なくせられ」たのである。当時の読書人口は多くなく、とくに「純粋なるキリスト教文学の方面にて最も成功せる書物より期待し得る最大限度は一千部」に過ぎなかった。しかし、一冊の書物は少なくとも一〇人の読者に回覧されている(と内村は考えた)から一千部出た書物は一万人に感化を与えることができる。そうだとすれば著述の仕事は金銭的に引き合わなくても真理の伝播という点では引き合う仕事だ。このように考えて内村は「神の祐助《たすけ》により恐る恐る」評論家として出発したのである。

実験の意義

著述の仕事は熊本でも続けられていた。旧約聖書ルツ記の注解は、出版は後になるが熊本時代に執筆された。またかれの代表作の一つ「求安録」は大阪時代にほとんどできあがっていたものだが、出版は熊本在住の時期の終わりごろであった(明治二六年八月)。

「基督信徒の慰」には、信者の経験する最も内面的でしかも最も普遍的な苦しみである自己の罪についての問題が取り上げられていなかった。これがこの著書の足りないところと言えるであろうが、しかし、同時に「基督信徒の慰」の自伝的性格を――内村自身は同書序文で自伝でないことをことわっているにもかかわらず――物語っている。これは内村のキリスト教理解の方法と関係する。かれは福音を感情と理性と意志とをもって――全人格をもって体得していったのである。実生活の中で起こった具体的な問題の解決のために内村が苦闘したとき、かれはその解決を神のことばによって与えられた。神のことばはそれに従い得ないで苦しんでいる者を服従させ、かれの中で勝利する。この経験がこれを通過する者に全人格的な集中を要求するのは当然であるが、問題の解決はかれ自身が自ら獲得するのでなく、上より、しかも多くは突然与えられるのである。それゆえこれを受ける者の側に激しい感情の噴出が伴うことがしばしばである。このようにして新たな真理を体得することが、内村が「実験」と呼んだものの中核を形成しているように思われる。

実験の原型はいうまでもなくアマスト時代の回心である。実験の結果を霊に焼き付けられた人の信仰生活においては、理論よりも経験が重んぜられる。経験の視野の外にあるものを理論的に先き取りしないのである。「基督信徒の慰」が執筆当時の経験の範囲に止まって、罪に苦しむ者についてのなぐさめ、言い換えれば《神に捨てられし時》のなぐさめが脱けているのも、こうした経験主義のあらわれであろう。

「求　安　録」

その欠けを満たすべき続編であるかのように、「信徒の慰」が書き上げられた直後に「求安録」執筆に着手したのである。明治二六年三月二九日付のベルあて書簡によれば「求安録、実験の記録」（"Search after Peace : Record of Real Experience."）と題する書がほとんど印刷に付されんばかりになっている。副題を「実験の記録」とするつもりであったことは興味深い。しかし、実際に出版されたときはこの副題はつけられなかった。また、出版されたのも八月になってからである。後年の日記に「熊本市外託摩《たくま》ケ原槇樹《まきのき》の下で古き支那鞄《しなかばん》を台にして書きしこの書」（「求安録」のこと）云々《うんぬん》という回想が見られるところからすると、熊本で「実験の記録」をより一般的な理論的記述へと書き直したのでもあろうか。

たしかに「求安録」は内村の代表作の中では最も理論的な著書の一つである。それは上の部と下の部に二分され、上の部では「罪を犯して歎じ、歎じて怖《おそ》れ、怖れて失望し、失望して又同じき罪を犯す」という人間一般（ただし少なくとも罪の憎むべきものであることを知った人間）の矛盾した姿と、その矛盾から起こる苦しみよりのがれるため、あるいはその苦しみをごまかすために人間自身が発明した技術とが、一人称で述べられる。罪の苦しみから脱出するテクニックを著者は「脱罪術」と呼ぶ。リバイバル、学問、自然の研究、慈善事業、神学研究がこれに含まれる。ごまかしのための技術は「忘罪術」で、ホーム、利欲主義《ヘドニズム》、オプチミズム（楽天教）などが挙げられている。内村の経験と合致する点も多いが、そうでない場合もあって、かれが自分の歩んで来た道を参考にしつつ万人の道を描こうと努めているようすがうかがえる。

下の部は人間の作り出した救済手段ではなく、神によって備えられた真の救いの叙述である。「それ神はその独子《ひとりご》を賜ふほどに世を愛し給へり。すべて彼を信ずる者の亡びずして、永遠《とこしえ》の生命《いのち》を得んためなり」。この聖書のことば（新約聖書ヨハネ伝三章一六節）をそのままに信ずること、これが救いである。上の部で罪を怖《おそ》れつつ犯す人間の心の分裂のありさまが描かれたが、罪とは何か、の考察はなされなかった。その問題がここで取り上げられる。――神こそ唯一の善であり、この神から離れることが罪である。したがって罪からの救いは神のもとへ立ち帰ることなのだ。神との和解は、神の方から示される方法によるのでなければ不可能である。神から示された救いの方法は右のことば、神の独り子イエス＝キリストを人の罪のための贖《あがな》いとして十字架にかけるほど、神はこの世に生きるわれわれを愛したもうたという福音を心から受け入れることだけである。この十字架の福音にいっさいを賭《か》けることだけなのである。

「この大事実たる我らは推理に依《よ》つて会得するにあらずして観察と実験とに依つて確かに知認するところなり、薬品の効用はその病理学上の作用の知らるる前にもありしがごとくキリストの救霊力はその理を充分に解せざる前に著明なり、罪の重荷に圧せらるるもの、良心の譴責《けんせき》に困《くる》しむものの唯一の特効薬はキリストの十字架なり」。

内村はキリストの十字架にいっさいを委《ゆだ》ねた。「求安録」は一般的記述への努力にもかかわらず本質的には「実験の記録」である。下の部の実質的には終章に当たる「贖罪《しよくざい》の哲理」において著者自身その意味のことを述べている。「宗教は事実なり経験なり、我らは聞きまた見、懇《ねんご》ろ切に観、わが手捫《さわ》りし所のものを曰《い》ひ、かつ信ずるなれば、その哲理の如何《いかん》は我らの信仰を動かすべきにあらず」。

内村の贖罪論《しょくざいろん》

百聞は一見にしかずという諺《ことわざ》は宗教的真理を理解する場合にもあてはまる。「贖罪の哲理」において著者は、信仰が決して理性にそむくものではないことを説明する。したがってこの章は「求安録」の中でも最も理論的な章なのであるが、それだけに理論倒れの読み方をしないようにくりかえし読者に注意を促している。内村の贖罪論は三つの面をもつ。すなわち第一に客観的な面においては人類連帯説（人類は連帯責任をもって結ばれている。従《したが》って一人の人の罪はすべての人間に及び、一人の人の完全な義に万人が与《あずか》ることができる）であり、第二に主観的な面においては感化説（義人——イエス＝キリスト——を人々が処刑したことは人をして人類の罪を知らしめ悔改めへと感化する。「義人の死にまさる勢力の世に存するなし」）であり、第三にはいっそう重要なものとして、客観・主観の両面をあわせ持つ法律的代償説である。神の義は人の不義を不問に付すことはできない。これを罰せずにはおかない。その罰を人としてのキリストに下し、神はかれを捨てた。キリストが他の全人類に代わって罪の償いをしたため、われわれは神から罪を赦《ゆる》された。このような法律的に筋のとおった赦免の宣言がなければ罪と真剣に戦っている誠実な人間は福音を信ずることはできない。

この理論は内村自身の実験を論理的に説明したものである。かれの実験は論理化を許さない神秘的体験ではない。ただしかし内村にあてはまる救いの論理が万人にあてはまる普遍的論理とは必ずしも言えない。「同一の薬品が異種の病に適することあるもその作用に至りては病に依つて異なるがごとく、我の病を有せざる人が我のごとく感ぜざるは理の最も見やすきものなり、我の理由必ずしも汝の理由ならざるべし」。

「求安録」は普遍的な信仰の論理の記述を目ざしつつもついに実験の記録であった。否、むしろこう言うべきであろう、それは信仰の実験の必要という普遍的な真理を的確に記述したのだ、と。ここに「求安録」の真価がある。実験的信仰は著者が札幌時代よりその雰囲気の中で育《はぐ》くまれ、アマストにおいてその精華《エリート》と邂逅《かいこう》した、あのピューリタニズムの信仰でもあった。内村はピューリタニズムからさまざまなものを継承したが、そのうちで最善の、しかも最も本質的なものこそ実験的信仰であった。

京都時代

京都には一八九三年(明治二六年)八月末から九六年九月まで居住している。その間予想していたとおり生活はかなり苦しく、正月の餅《もち》もつけない年もあった。そのような貧しさの中においてではあっても人生の喜びも与えられた。明治二七年三月次女誕生。——長女はタケとの間に明治一八年に生まれたノブであるが、ノブは内村家に入籍されず母の実家で育てられた。——内村はこの子をルツと名付けた。旧約聖書にでてくる信仰の婦人ルツにちなんだのである。前年の一二月に旧約聖書ルツ記の注解を出版したばかりであった(内村の長男祐之《ゆうし》は明治三〇年一一月誕生。東大名誉教授・内村祐之氏である)。

京都では内村は著述に専念したのであるが、大阪にいたころ始めた日曜学校をここでも開いてこれに少なからぬ力を注いだ。日曜学校の仕事は私の道楽《ホビー》だ、とそのころかれは述べている。かれは第三高等学校YMCAの依頼を受けて、明治二七年一月から生徒のために毎日曜午後二時より日曜学校を始めたのである。最初に旧約聖書アモス書が、次に新約聖書マタイ伝が取り上げられた。内村のやりかたは逐語《ちくご》的・歴史的に聖書を講解するものであって、いわゆる日曜学校とはおもむきを異にした厳格な聖書講義である。しかし生徒たちはかれの講義についてゆくのに困難を感じたらしく、内村の方でもそれをもどかしく思ったことが、ベルあての書簡の端《はし》々にうかがえる。

二八年一一月末からは長老教会の会堂を借りて「キリスト教教義月曜学校」を始めた。この学校は毎週月曜午後六時に始まり、三カ月を一期として授業料五〇セント（と内村はベルに書き送っている。約九〇銭である。）を徴収するということであったが、第一学期のみで閉校になっている。「真理探求者に必要な心の態度」、「キリスト教の神」、「聖書と霊感」、「天然と奇跡」などの問題について牧師や学校教師、学生たちから成る約二〇名の聴講生に対して講義した。キリスト教伝道に聴講料を取るという新機軸もさることながら、規律の厳格さという点においても、この月曜学校には、後年東京で開いた聖書研究会を連想させる特徴がすでに現われている。内村はこの学校の教室に何人の無断入室をも許さず、あるときこの禁を破った外人宣教師（しかも部屋の貸し主である長老教会の牧師）を追い出してしまった。

その後の京都時代の内村は各派の教会の主宰する講習会や夏期学校（二七年七月には箱根で「後世への最大遺物」と題する講演をした）の講師に招かれているほかは、この種の学塾経営に当たることはなかった。なお三高ＹＭＣＡの聖書講義も、次に引用する文章から推測すると二九年春には止めていたようである。なおこのころの内村はもはやどこの教会の礼拝にも出席していない。次の美しい文章はベル書簡の一節（明治二九年四月一二日付）であるが、内村の無教会主義の一面を早くも示しているのではないか。

「小生は毎日曜午後祈禱のために約二哩《マイル》離れたる丘の頂に登り候、全山は紫、白、斑の躑躅《つつじ》の一枚の絨緞《じゆうたん》に有之《これあり》候、三十万の都会我が眼下に在り、加茂の銀流それを貫いて流れ、郭公《かつこう》は我が上を飛び、杜鵑《ほととぎす》は傍の草叢《くさむら》にて歌ふ、小生はあらゆる教会の中にて最善の教会を有するに非ずや」。

同じ書簡の中で、内村は自分の職業として福音伝道を選ぶか、キリスト教精神に基づく評論を選ぶか迷いに迷ったが、家計の苦しい中で扶養家族をかかえており、しかも教派所属の宣教師にはなれない自分にとっては後者を選ばざるを得ない苦衷を述べている。いかなる教派の人間にもなるまい、とすでにかれは決心していた。一方福音伝道の願いはやみがたい。とすればかれ自身独立の伝道活動を始めざるを得ないであろう。事実かれはその活動に近いものを再度にわたって試みたのだが、純粋な伝道に踏みきることはできなかった。ようやく安定しかかった評論家としての生活を捨てて、伝道者になることはまったくの冒険であった。天与の使命の発見まで内村はまだしばらく待たねばならなかった。

評論家としての仕事に従事しつつも、かれの意識の底流にはつねに右のような戦い、伝道か評論かという職業選択をめぐる内面的葛藤《かつとう》があったことは否めない。しかし、だからといって評論の仕事そのものをないがしろにするようなことはもちろんなかった。著作活動に関する限り京都時代はかれの代表作がだいたい出そろった実り豊かな時代であったのである。

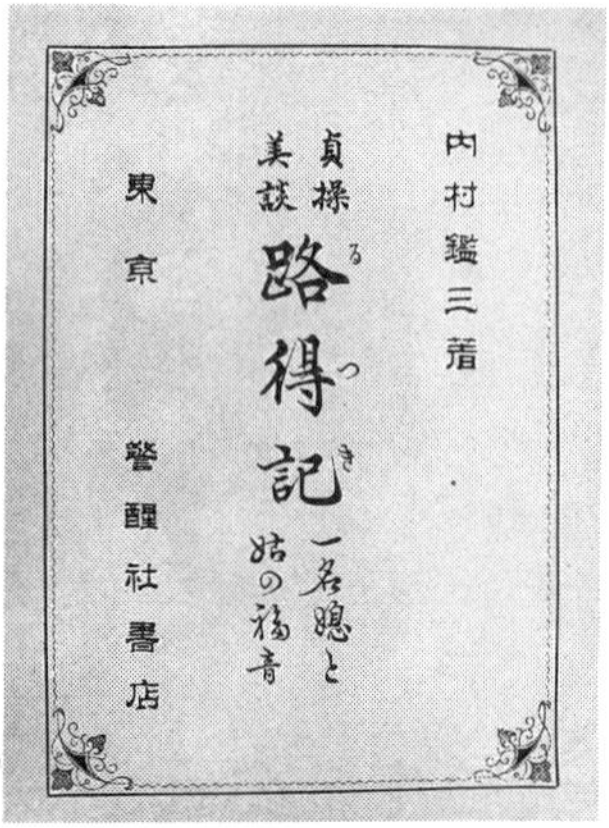

路得記（初版本＝明治26年）

「ルツ記注解」と「余は如何にして」

キリスト教関係の著作としてはまず前述のように「貞操美談路得《ルツ》記　一名媳《よめ》と姑《しゅうとめ》の福音」が二六年一二月に出版された。この日本人の書いた最初の聖書注解は、元来内村が自分の家の家庭集会で講述したところをまとめたものである。内村が最初に築いた家庭がこわれた理由の一つが嫁《よめ》と姑《しゅうとめ》の仲違《たが》いであったことを想い起こすなら、ルツ記をこのような観点から見ようとするかれの読み方が理解できる。なおこの注解書の中で内村は創世記二章二四節「是故《このゆえ》に人はその父母を離れてその妻に好合《あ》い二人一体となるべし」について関説し、ここの「べし」は老父母を捨てて新夫婦が別居することを命令しているのではなく、事実を意味しているにすぎない。すなわち夫は心情においては父母を離れても妻と共ならんと思うほど妻を愛するものだ、という意味である。妻はこの聖句を楯《たて》にとって婚家の老父母の扶養の義務を免れんとすることはできない。――こう説明している。八年前エルウィンから故国の父にあてた手紙で、内村は自分の結婚の失敗は創世記二章二四節の意味の取り違えから生じたのであるが、最近の注解を知って驚きかつ喜んだ、と述べている。その新しい注解を内村はここで復習しているのであろう。ルツ記注解もまた一種の実験の書であった。

さらに二七年二月に「伝道の精神」が、二八年五月には英文著作“How I became a christian”（内村自

「余は如何にして」の各国版
（左よりドイツ語訳，デンマーク語訳，日本版＝初版，
フィンランド語訳，アメリカ版，スウェーデン語訳）

ら「余は如何にして基督信徒となりし乎《か》」という訳語を与えた）が出版された。前者は伝道者が実験によって鍛練される必要あることを述べたもの、後者はその鍛練が内村自身の場合どのようであったかを、「求安録」のように一般的にではなく、まさに自叙伝として記した著作である。内村自身は「異教回心者一般の代弁者たらんと試みたる者にて、単に小生自身の個人的体験を語る者たらんとせし」わけではない、と断わっているが。この近代日本の宗教文学の古典となった著作の内容は、すでに第I部において紹介されているので、ここで再説することは控える。欧米人の信者に対する「異教回心者一般の代弁者」たるべき「余は如何にして」は英文で書かれた。二六年一一月下旬には原稿は完成していたらしい。しかしこれを英語国アメリカで最初に出版しようとした著者の試みは成功しなかった。友人ベルの斡旋《あっせん》にもかかわらずアメリカで出版

を引き受ける者はいなかった(ベルの努力によって、日本版が出てからシカゴでアメリカ版が出された)。この著作が「キリスト教国」に対する容赦のない批判の書でもあるからであろう。このために二八年五月になって、東京でやっと出版された。英語国では不評判だった本書も、日露戦争後日本への関心のたかまった欧州大陸のプロテスタント諸国では好評を得、ドイツ語、フィンランド語、スウェーデン語、デンマーク語、フランス語などに訳されるにいたった。

日清戦争

京都における文筆生活中の作品は、キリスト教的著述のみではなく、政治評論、歴史理論、日本文化の海外への紹介などの著書や雑誌論文を発表している。次にこれらの作品の主なものについて述べよう。しかしその前に当時の日本の政治情勢を頭に入れておかなければならない。

近代国家として生まれ変わってまもない日本は、内村が京都で暮らしていた三年の間に、老大国、清に挑戦し勝利を収めた。日清戦争は明治二七年七月二五日豊島《ほうとう》沖の海戦によって火蓋《ひぶた》が切られ、翌年四月一七日下関条約の調印をもって終結した。下関条約では清国をして朝鮮が完全な独立国であることを確認せしめ、清国から遼東《りょうとう》半島・台湾・澎湖《ほうこ》諸島の領土と償金二億両《テール》を獲得した。

近代国家としての国力をしだいに充実してきた日本が、海外にその経済力を伸展させようとする場合、最初の足場を海峡一つへだてた朝鮮に求めるのは、自然の成り行きともいえるであろう。その半島に清国が宗主国として頑張っているからには、日清両国の衝突は起こるべくして起こったのである。ただそれがあのような時期に起こったのは、国内政治の危機を脱する手段として対外戦争を起こすという古今の政治原則を伊藤博文内閣が用いたからである。明治二六、七年当時、伊藤内閣は国民の間に湧き起こる不平等条約改正の要求の前に動揺を続けていた。衆議院の野党やジャーナリズムにあおられて、世論はやがて外交問題にとどまらず、専制政府打倒の要求にまで発展しそうな形勢であった。そこにちょうど起こったのが朝鮮における東学党の乱——外国勢力排斥の要求を掲げた農民の反乱である。この暴動鎮圧のために清国が半島に出兵すると、これに対抗して朝鮮の独立を守るという名目で日本も出兵したわけである。果然、国内の世論は政府の戦争政策支持に結束した。あいつぐ勝報はますます国民を熱狂させたが、この熱狂に水をかけたのが戦後の三国干渉である。

下関条約で日本は、清国から遼東半島を割譲させたが、北方から朝鮮半島への勢力の拡張を狙《ねら》っていたロシアにとって日本の、朝鮮とその周辺への進出は警戒を要する問題であった。そこで同盟国フランス、友好国ドイツを誘って、遼東半島を清国に還付せよと日本に迫ったのである。露骨な脅迫であった。しかしロシアを相手に戦う自信のなかった日本としては、三国干渉の前に屈服せざるを得なかった。

このような経緯《いきさつ》をたどった日清戦争は、日本の将来に大きな影響を与えた。清国から獲得した莫大な賠償金は日本資本主義を一段と発展させたし、朝鮮半島は日本の大陸進出の一応の足場となった。今度はその足場の確保をめぐって日露両国が対立することになる。国内の政治状況もまた日清戦争をきっかけにして変貌した。明治一〇年代に最高潮に達した自由民権運動はすでに衰退していたとはいえ、帝国議会（明治二三年開設）における民党（野党諸派の総称）の政府攻撃は激しかった。攻撃は主として軍事費を中心にして拡大していく政府予算案に対して加えられ、民力休養のために予算を削減せよ、という主張がくり返された。民力休養とは具体的にいえば地租軽減の要求であって、地主層によって支持された当時の野党らしい主張である。しかし改進党を初め野党六派連合は日清戦争の勃発とともに政府攻撃の鉾《ほこ》を納め、一億五千万円の臨時軍事費を一挙に可決して政府の戦争政策に協力した。この協力的態度は戦後ただちに破れた。すなわち三国干渉が国民の間に憤激を巻き起こし、民党は政府の軟弱外交を攻撃しはじめたのである。

戦前の民党の立場が比較的民主主義的、当時のことばでいえば、民権主義的であったのに対して、戦後は国権主義《ナショナリズム》の立場から政府を攻撃している。明治的民主主義者のこのような変貌《へんぼう》は、日清戦争と三国干渉が明治思想史に残した痛ましい結果であった。

「日清戦争の義」と「地人論」

内村鑑三もまた、日清戦争によって思想的変貌を遂《と》げた多くの文筆家の一人である。しかし変化の方向が時流の逆であった。――日清戦争当時、かれは政府の戦争政策を支持し、弁護する論文を次々に発表した。その中で最も有名なものは明治二七年九月三日の「国民之友」誌に発表された「日清戦争の義」である（ただしこの論文は同誌前号に内村が英文で発表した“Justification of the Corean War”をかれ自身邦訳したものである）。

日本が朝鮮政治に干渉するのは――と内村は弁明する――「世界の最大退歩国」（清国）が朝鮮を独占しよ

うとして文明諸国の影響が朝鮮に入るのを妨害しており、そのため朝鮮人民は暴政と無知の中に苦しんでいる、その苦しみから朝鮮を救い出さんがためである。それゆえ「吾人は信ず、日清戦争は吾人に取りては更に義戦なりと」。

日清戦争において日本は世界の進歩的勢力の代表として退歩国、清と対決するのである。そのような対決として日清戦争は歴史的意義をもっている。日清戦争義認論の根拠には、したがって、ある歴史観（一種の社会進化論と称すべきもの）が存在する。その歴史観を内村は明治二七年五月に出版された「地理学考」（二九年の第二版以来「地人論」と改題された。ここでは改題された書名の方を便宜上使用する）で明らかにしている。人類は「克己博愛の時代」を目ざして一定の段階を経つつ進歩する。進歩の各段階に応じて人類の活動の中心は移動する。

「亜〔アジア〕は起源的大陸にして人類は此処においてその幼年期を経過せり、欧〔ヨーロッパ〕は鍛練的大陸にして思想の発育は此処にありき、人類今は思想実行の大土を要せり、しかして摂理はこれを米〔アメリカ〕に蔵し、人類が之を要するに当《あたつ》てこれを彼に供せり」。

文明は東から西に進んでついに日本に及んだ。現代史において日本の果たす役割は西洋文明を、文明の進歩に取り残された東洋に伝えるにある。また東洋の文明を西洋に紹介する役割もある（内村が明治二七年一一月、「日本及び日本人」――後「代表的日本人」と改題――を英文で出版したのはその役割を果たすためであった）。「日本国の天職」は東西両洋間の媒介者たることである、日本の地理的位置がそのことを証明している。現に日本は欧米流の憲法を持っており、「自由〔西洋文明の長所〕は忠君愛国〔東洋文明の長所〕と共に併立し得べしとの証例を世界に挙げぬ」。

「地人論」の原理を時事問題に応用したのが一連の日清戦争義認論である。しかし戦争が終わりに近づくに従って、日清戦争の義《ただ》しさについて内村はだんだん懐疑的になった。戦勝の見とおしが確実になるにつれて国民の間に現われはじめた清国討滅論に対して、内村は深い憂慮を示している。内村のその憂慮は、下関条約において事実となって現われた。日清戦争は日本が自国民の領土的・経済的野心を満足させたという結果のみを残して終わったからである。

「支那との紛争は終り候。……≪義戦≫は変じて幾分海賊的の戦争となりその≪正義≫を書きし一預言者は今や恥辱の中に有之候」。講和条約締結間もない二八年五月にベルにこう告白している。二九年八月の「国民之友」に載った「時勢の観察」で内村は激しく憤懣《ふんまん》をぶちまけた。

「彼ら〔日本人一般〕は日清戦争の義を唱《とな》えり、而《しか》して余輩の如き馬鹿者ありて彼らの宣言を真面目《まじめ》に受け、余輩の回らぬ欧文を綴り『日清戦争の義』を世界に訴うるあれば、日本の政治家と新聞記者とは心密《ひそ》かに笑つて曰う『善哉、かれ正直者よ』と。……日本国民若《も》し仁義の民たらば何故に同胞支那人の名誉を重んぜざる、何故に隣邦朝鮮国の誘導につとめざる、余輩の愁歎《しゅうたん》は我が国民の真面目ならざるにあり、彼らが義を信ぜずして義を唱ふるにあり、彼らの隣邦に対する親切は口の先に止まりて心よりせざるにあり、彼らの義侠心なるものの浅薄なるにあり、ある人は肥後人を評して『逃げる敵を追ふに妙を得たる武士なり』と曰へり、今日の日本人は皆ことごとく肥後人と化せしにあらざるなき乎！」

今までに内村の論文の掲載誌として幾度か「国民之友」という雑誌の名を挙げた。この雑誌は徳富蘇峰が明治二〇年に創刊した、当時もっとも人気のあった《進歩的総合雑誌》である。少なくとも日清戦争開始前までは。しかし蘇峰こそ三国干渉に衝撃を受けて民権論から国権論に立場を変えた典型的な人物なのである。もっともかれの急進的平民主義――と蘇峰自身当時の自分の立場を定義づけるのだが――「ほど理論信仰型の『進歩主義』的思考を完全にしめした実例もめずらしい」（色川大吉「明治二十年代の文化」岩波講座日本史所収）。それに民権論時代のかれも究極的な目標として国権伸長を掲げていたのだから、蘇峰の《変節》はそれほど深刻なものではないかもしれない。それにしても蘇峰の進歩主義への信仰が吹き飛ぶには、三国干渉の衝撃という《実験》が必要だった。内村の場合も「地人論」に見られる進歩主義的歴史観（それは内村の思想における最も思弁的なものである）が後退するのは、日清戦争義認論の失敗という実験を俟《ま》たねばならなかったのである。蘇峰と鑑三、ふたりとも日清戦争の影響を強く受けた文筆家である。しかしその影響によって変化していった方向が逆であった。前者は政府側につき後者は反政府側に立った。日清戦争義認論によって「日本人の罪悪を幇助《ほうじょ》したことを悔いた。余は爾来《じらい》一切明治政府の行動について弁護の任に当たるまいと決心した」と内村は後年述べている。

日清戦争から一〇年後の日露戦争に対しては内村は「戦争絶対的廃止論者」として強く非戦論を唱えたことは後述の通りである。

明治二九年九月、内村は京都を去って名古屋に移住した。目的は二つある、とかれはベルに説明している。第一は東京に近くなって出版の仕事のために便利であること、第二にはアメリカのメソジスト派ミッションﾆスクール、名古屋英和学校の講師に招聘《しょうへい》されたこと、の二つである。後者の仕事は著作にさしつかえないかぎり、ということで引き受けた。これで再び定職に就き、やっと三年間の経済生活上の苦闘から解放されたわけである。ただし名古屋での暮らしは短かった。翌三〇年一月には東京万朝報社《よろずちょうほう》に招かれて「万朝報」英文欄主筆に就任したからである。

「万朝報」と「東京独立雑誌」

「万朝報」は明治二五年黒岩涙香《るいこう》（札幌時代から内村と親しかった黒岩四方之進《よものしん》の弟）によって創刊された日刊新聞で、あまり品の良くない暴露記事を主とした俗受けのする新聞だった。そのような新聞として発行部数を伸ばしたうえで、黒岩は一流の人材を編集陣に招いて質の向上をはかろうとした。招聘された文筆家の中に幸徳秋水《こうとくしゅうすい》・堺枯川《さかいこせん》・河上清らがいた。幸徳・堺・河上はいずれも明治三四年の社会民主党結成（治安警察法により即日禁止されたが）に参加した社会主義者であることは注意さるべきである。

次に日清・日露の戦間期における内村の政治思想を検討しよう。

内村は早くから思想上の根本問題として三つのものを考えていた。①人間終局の目的如何、②自国の天職如何、③自己の天職如何、という諸問題である。（これは明治二五年発表の論文「日本の天職」冒頭《ぼうとう》に出ている問題設定だが、明らかに「われは日本のため、日本は世界のため、世界はキリストのため、すべては神のため」という、あの生涯のモットーと呼応している)。個人は全人類と直接結びつくのではなく、「国民なるものも亦《また》一の集合体にして相拠《あいよ》て以て人間界を組織するもの」、すなわち人類と個人は国民という歴史的形成体によって間接的に結びつけられる。したがって一国の政治はかれにとって根本問題②、すなわち日本の天職は何か、またどうすればそれを果たし得るか、に属するものとしてゆるがせにすべからざる問題であった。

前述の「地人論」は日清戦争以前に日本の天職如何を考えた著作だが、この時期では「興国史談」(明治三三年一〇月初版)が同じ問題を扱っている。この著書は「東京独立雑誌」(後述)に二三回(明治三三年～三三年)にわたって連載された、古代オリエント諸国の興亡についての歴史読物をまとめたものである。「興国史談」も一応、進歩主義の歴史観(人類は進歩していくものだという楽観的な歴史観)に基づいている。この見方はまだ捨てられていない。「歴史は人類進歩の記録である。……人類もかれの占領する地球並びにかれを繞囲《にょうい》する天然物と同じように進化的のものである」。

そして進歩とは自由の発達のことである。ただ「地人論」と違って、歴史が、時計の針が動くように進歩するというような機械的・観念的進歩主義は後退し、代わって日本国を興すためには国民ひとりひとりがどのような精神を持たねばならないか、という問題が前面に出ている。内村の言いたいのは、興国的精神を持たない国民は、その国の地理的位置がどんなに良くても滅びる、ということである。興国的精神とは真理への畏敬であり、真理を守るための道徳的勇気である。国家より真理を重んずる精神である。これこそ真の意味の「謙遜」である。謙遜なき国家は興隆しない。オリエント諸国の歴史からそのことが知られる。

万朝報に入社したのも、「亦独《またひと》り〔東京〕独立雑誌を発刊して専《もっぱ》ら筆をもって社会改良の任に当らんとした」のも、なんとかして日本人に興国的精神を植えつけるためであった。

三一年五月、内村は新雑誌を創刊するため万朝報を退社した。六月から出された「東京独立雑誌」がこれで、かれ自身の言論機関を持ったわけである。五年前独立の文筆生活に入ろうとしたときの内村特愛の聖句は旧約聖書エレミヤ書二〇章七・八・九節であった。同じ趣旨の聖句が同誌第一号の「本誌の存在理由」でも引用される。――「獅子《しし》吼《ほ》ゆ、誰か懼《おそ》れざらんや、主エホバ言語《ものいい》たまふ、誰か預言せざらんや」（旧約聖書アモス書三章八節）。

骨の中で燃えるがごとき思想を自由に語るべく、かれは再び独立―それはただちに貧窮を意味する―生活をはじめた。しかし雑誌の売れ行きは予想外によく、一〜七号は月二回、それ以後は月三回発行の旬刊誌となった。

それにしても現実を深く観察すればするほど、内村は日本について失望せざるを得なかった。国家を私物視する藩閥政治家、それと結託した実業家、かれらにへつらう官吏、酔っぱらえば「馬族同然の言語を発する」忠君愛国の教育家、かれらに教育された自慢好きの国民！

批判の対象には事欠かない。しかし内村は徐々に二つのことに気が付いてきた。――第一には、まず個人を改善してはじめて国家がよくなるのであってその逆ではない、ということである。「今日の要は強き個人性(individuality)の養成にある」。国よりも真理を愛することによって国を興す、という逆説的愛国心を実行できる強き個性の必要である。こうした個性はもはや福音の真理によって新しく生まれかわるのでなければできあがらない。

第二に、「独立なれとの単純なる真理はその内に否定反抗の原理を含む」とは独立雑誌にのった内村のことばであるが、そのことばの真実さをかれ自身つぶさに味わい知ったのである。独立自由をモットーとする独立雑誌社の社員たち(そのリーダー格は内村の弟、達三郎だった)が、社長・内村を批判し出したのである。事件のきっかけはかれがそのころ校長職をゆだねられていた小さな女学校(女子独立学校)の経営問題であった。そのために内村は明治三三年七月をもって東京独立雑誌を廃刊にする。

罪悪を一方的に責め立てると、悪人はかえってかたくなになるのみであり、しかも他人の悪をあばいて義人を気取る偽善者を生む。独立雑誌廃刊問題をとおして、内村はそのことを知った。それなら骨の中に燃えていた思想の炎は消えたのか、そうではない。京都時代以来、伝道への欲求はつねに心の中にあったではないか。兄弟のいさかいによって独立雑誌がつぶれたとき、かれは社会批評の限界に突き当たったことを知った。伝道へ踏みきるときがついにきたのである。伝道者としての出発を示すものは「聖書之研究」誌の創刊(三三年九月)であった。

鉱毒問題と理想団

聖書研究雑誌を独力で発行したいということは、青年時代からの内村の願いであった。若き日の夢は思いもかけぬ仕方でかなえられた。だが「聖書之研究」誌発刊がただちに独立伝道一筋の道の出発点ではない。独立雑誌廃刊後黒岩涙香によって再び万朝報に招かれ客員として復社したのである。日清戦争と日露戦争の間の時期は、内村の生涯において評論家から伝道者へと移行する過渡期といえるだろう。評論家としての内村が万朝報復社後、明治三六年の決定的な退社にいたる足掛け四年間に行なった社会運動として二つのものが挙げられる。

第一は足尾銅山鉱毒問題解決のための運動である。明治一〇年に古河市兵衛《ふるかわいちべえ》が政府から足尾銅山の払下げを受け、巨額の資金を投じて操業を開始するや、採鉱所の側を流れる渡良瀬《わたらせ》川に銅・亜鉛・硫酸などの鉱毒が何の防御設備もないままに流入するようになった。銅鉱の坑木用に流域の山林を乱伐したため頻発《ひんぱつ》する氾《はん》濫《らん》によって、鉱毒は渡良瀬川と本流利根川の流域六万町歩（一町歩は九八・三アール）の水田に浸入し、被害地の農作物を枯死させ、農民を窮乏に追い込んだ。明治三三年二月には、上京して内閣に窮状を訴えようとする農民団とそれを阻止する警官隊との衝突が起こった。

内村は明治三四年四月毎日新聞の木下尚江らとともに栃木県足利郊外の鉱害地を視察し、その惨状に驚いた。それ以来内村は古河市兵衛と、「無辜《むこ》の良民三十万を饑餓《きが》に迫らしめた功労によって」古河を正五位に叙した明治政府とを亡国の徴しとしてくりかえし批判した。「官吏と商人とは相結託して辜《つみ》なき援助《たすけ》なき農夫職工等の膏《あぶら》を絞《しぼ》るに至っては、その憲法は如何に立派でも、その軍備は如何に完全していても、その大臣は如何に智《かしこ》い人たちであっても、その教育は如何に高尚でも、かくのごとき国民はすでに亡国の民であって、ただわずかに国家の形骸《けいがい》を存して居るまでである」。鉱毒問題は一地方問題ではない、国家問題である。内村はそう叫んで、ロシア軍が三三年六月以来続々進駐しつつある満州に向けられていた国民の関心を、眼前の社会的正義の問題に集中させようと努めた。

国家の利益より社会的正義の方が重大である。内村はそう信じて外に向けられた国民の眼を内に向けかえようとした。しかし同時に内村は、単に国内の社会問題重視という意味よりはるかに深い意味で、人々の眼を《内》に向けさせようとしたのである。社会問題の解決は個人としての人間の問題を解決することから始まる。この順序を逆にしてはならない。鉱毒問題の毒も実は「山から出る毒ではなくして、人の心に湧き出づる毒」である。

内村が鉱毒問題攻撃と同じころ（明治三四年七月）始めた「理想団」の運動は、右のような精神に基づくものである。理想団は黒岩涙香の主唱にかかわる社会改良運動の団体であるが、その発起人の一人としての内村によれば「理想団は社会改良を目的として成った団体である。しかし普通の社会改良的団体ではない。理想団はある一つの特別の方法をもって社会を改良せんとする団体である。すなわち先ず第一に自己を改良してしかる後に社会を改良せんとする団体である」。

団員は時間の厳守、言行一致、理想選挙、茶代廃止、動物虐待防止のような日常生活の改善に自ら励《はげ》み、また他にそれを勧《すす》めた。この運動の盛時には社会の関心を集め、団員も五千を数えた（明治三六年一月）が、団員中には社会主義的傾向の者（幸徳秋水や堺枯川が内村とともに発起人であった）もあって、運動の統一は必ずしも容易ではなかった。やがて日露戦争反対を唱えて内村や幸徳らが万朝報を退社した後、理想団は自然解消のかたちになった。

理想団運動は、内村の評論家としての活動が、伝道一筋の生涯へ転換しようとしている過渡期の産物である。すでに述べたように、内村は「強き個人性」は福音によってでなければ作れないと認識していた。それにもかかわらず、なお理想団運動という、個人の改善を前提とするとはいえ、やはり一種の社会改良運動を断念しなかった。その種の運動をいっさい断念して伝道一筋に踏み切るきっかけとなったのは、日露戦争開戦を要求する世論である。

日露戦争非戦論

三国干渉以来、いつかは日露両国は戦うであろうことは十分予想されていた。ロシアは明治二九年に韓国から日本の勢力を一掃し、三一年には旅順・大連を清国から長期租借し、ついで既述のように満州を確保する。このようなロシアの動きに対して、初めのうちは、くやしがりながらも座視する以外に何もできなかった日本であるが、明治三五年一月に日英同盟が結ばれてから、官民の間に対露強硬策が叫ばれるようになった。この動きを民間において最初に代表したのは東京帝国大学教授の戸水寛人・小野塚喜平次ら七人の博士である。かれらが三六年六月に桂《かつら》内閣に日露開戦の意見書を提出してから、開戦の世論は急にたかまった。

世論のこの動きに対して内村は開戦反対論を唱えた。内村の非戦論はすでに日清戦争直後義戦論を取り消

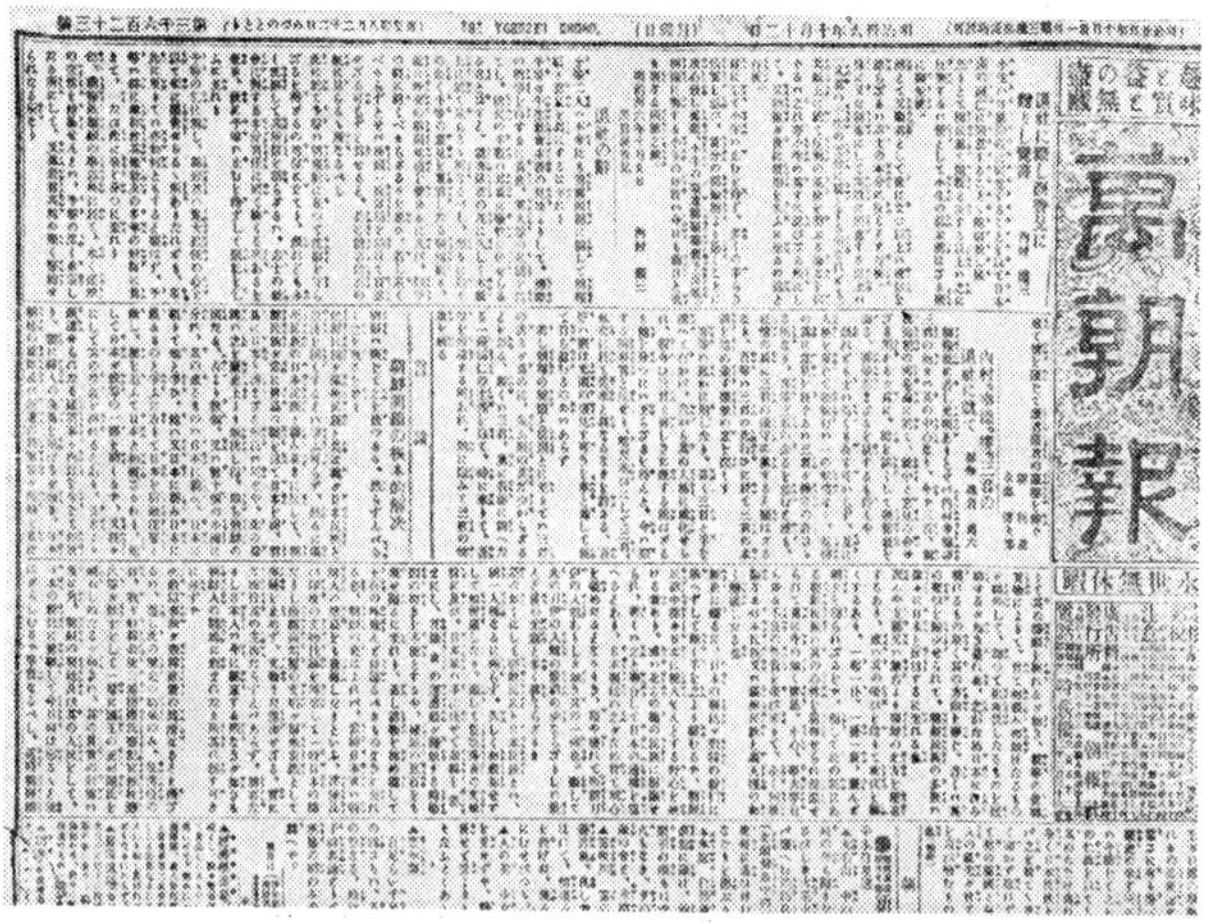
萬朝報

万　朝　報　(明治36年10月12日号)

して以来、かれの心の中に芽生えて成長したものである。かれは非戦論を唱えるにいたった理由として次の四つを挙げている。①新約聖書(「十字架の福音がある場合においては戦争を可《よ》しとするとは私には如何《どう》しても思われなくなりました」とかれはいう)。②無抵抗主義の実験(「独立雑誌」廃刊のとき、内村は弟たちの攻撃を無抵抗主義で堪えて、可能なかぎりの一番良い結果を得た)。③過去一〇年間の世界史の動向(戦勝国における道徳の腐敗)④「スプリングフィールド・リパブリカン」紙(内村がアマスト留学中から購読している平和主義的な新聞)の影響。

　内村の非戦論は義戦論の裏返しとして論理的にあらかじめ組み立てられていたものではない。かれは三五年ごろには南アフリカにおけるボーア人(オランダ移民の子孫)と英国との戦争(ボーア戦争)について論じ、ボーア人に同情して一種の義戦論を主張している。しかし、今や内村の愛する日本がこれから他国に戦争をしかけようとしているのである。今こそ戦争の問題を徹底的に論ずべき時である。「余は日露非開戦論者であるばかりでない、戦争絶対的廃止論者である。戦争は人を殺すことである。そうして人を殺すことは大罪悪である。そうして大罪悪を犯して個人も国家も永久に利益を収め得やうはずはない」。東大七博士の意見書が出て間もない六月三〇日付の万朝報で、内村はこう論じている。

　内村の疑う余地のない非戦論に対して、万朝報社長黒岩涙香は開戦論の立場をとった。ことここにいたって内村は退社を決意し、一〇月九日退社届を出し、同月一二日の万朝報に「朝報社退社に際し涙香兄に贈りし覚書」を発表した（前ページの写真参照。幸徳・堺も社会主義の立場から戦争に反対し、退社する。かれらの声明文も同日の万朝報に掲げられた）。その覚え書の中で、内村は「日露開戦に同意することを以《もっ》て日本国の滅亡に同意することと確信」する旨を断言した。以後、かれは再びジャーナリズムに帰ることなく、独立伝道者としての厳しいしかし自由な道を歩みとおすのである。

Ⅲ 天与の使命

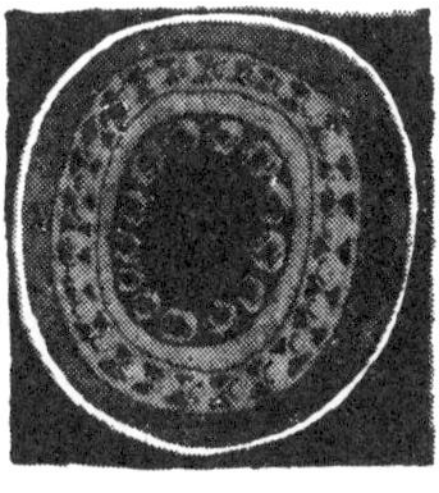

「聖書之研究」と共同体の形成

——教友会から兄弟団まで——

内村が日曜日聖書を講義した場所を基準として、その伝道生涯の時期区分を試みれば、各時期の特徴を指摘できるのではないかと思われる。この章のはじめではこのような時期区分を手掛りに、かれの伝道活動を素描してみたい。

伝道の時期区分

第一期 角筈時代＝明治三三年七月〜四〇年一一月
第二期 柏木時代(前期)＝明治四〇年一一月〜大正六年一二月
第三期 神田青年会館(再臨提唱)時代＝大正七年一月〜八年五月
第四期 大手町(私立衛生会館)時代＝大正八年六月〜一二年九月
第五期 柏木時代(後期)＝大正一二年九月〜昭和五年三月

各時期の特徴は第一期では天職の発見、すなわち、キリスト教独立伝道の開始、「聖書之研究」の発刊。何もかも創り出してゆく時期であるから、聖書研究会もなお流動的であった。明治三六年秋より一年間閉鎖されていたこともあった。しかし、その後再開され毎日曜日内村の自宅で行なわれ、明治四〇年にはいって会員も三、四〇人となり、小規模ではあったが基礎はかたまった。

第二期は内村の伝道のいわば発展成長期である。前の期で実現の端緒についた自宅での聖書講義、後に見るいわば牧会的配慮に基づく教友会、その他の諸集会の実質的形成の時期である。講義のしかたは第一・二期の交わりのころには、連続講演式のものでなく、断片的で旧約・新約に関係なく自由に題を選んで話をした。大正二年一〇月には今井館に付属の聖書講堂が増築され、一一月の第一日曜からは「聖書之研究」読者に公開の講義が行なわれるようになった。このころ会員は一〇〇人以上になった。今井館というのは大阪の香料商今井樟《しょう》太郎（一八六九〜一九〇六）の遺志によって、未亡人信子が内村の住居の隣に建てた聖書講堂である。明治四一年六月、「聖書之研究」第一〇〇号記念感謝会が催され、あわせて開館式が行なわれた。この期の後半になると講義のしかたも連続的となった。大正五年には「出エジプト記」、六年には「ルカ伝」がそれぞれ二一回ずつ講義された。この年三月「聖書之研究」は第二〇〇号に達した。

第三期は、大正六年一〇月三一日（宗教改革四〇〇年記念日）神田の基督教青年会館で「宗教改革の精神」と題して講演したことが契機となり、東京の中心に乗り出して福音を公開講義の形式で説くこととなった。おもに再臨運動を展開した時期である。第四期はまったく思いがけない事件——大正八年五月二七日、理事会の決議であるとして、青年会館での日曜講演はお断

今井館の前に立つ晩年の内村

わりすると内村に連絡があった。その理由は示されなかったが、無教会主義のゆえをもって排斥されたのがきっかけとなって、大手町の私立衛生会講堂に移ることになった。ここでは大正八年九〜一一月に「モーセの十誡」(一二回)、九年一〜三月「ダニエル書」(一〇回)、同年四〜六月および九〜一二月には「ヨブ記」(二二回)、一〇年一月〜一一年一〇月「ロマ書」(六〇回)、一一年一〇月〜一二年六月「イエス伝」(二九回)の研究が公けにされた。第四期は関東大震災による衛生会講堂の焼失をもって終わる。第三・四期は内村の最も油ののりきった円熟の時代である。

第五期は再び柏木の今井館に帰って聖書を講ずる晩年の時期。この期のはじめに聖書講堂の改造があり、大正一二年一二月第一日曜日より翌年一月の第二日曜日まで、女子学院講堂を借りて集会を持った。なお、イザヤ書を公開で講じた一時期もこの第五期に含まれる。昭和三年四〜六月「ホセア書研究」(一〇回)、四年一一月〜一二月「創世記の研究」(八回)等の講義がなされ、同年一二月二二日「ノアの大洪水」が最後の講演となった。集会の持ち方は午前(主として成年者)と午後(おもに青年)に分けて行なわれた。午前午後を通じ三四〇〜五〇〇人の参会者であった。畔上賢造《あぜがみけんぞう》と塚本虎二がかわるがわる前講をなし内村を助けた。かれの弟子たちが真に独立して無教会主義の信仰によって、伝道を開始する画期的な時代でもある。

「聖書之研究」の発刊事情

前章で述べたように、「東京独立雑誌」は主筆内村に対する社員の反対があり、七二号をもって一九〇〇年(明治三三年)七月廃刊し同社は解散した。これを機会にかれはかねがね考えていた月刊雑誌「聖書之研究」の発刊を決意した。

しかし、その後精神的に動揺して、初志を翻し信州へおもむき、そこで一年間独立伝道を行なおうと方針を変え、一家を挙げて同地方へ移住しようと考えた。この計画は「突然の事情」（どのような事情であったかは筆者が調べた範囲ではわからなかった）のため中止せざるを得なくなった。そうこうしていると本誌発行の広告をみた読者より矢の催促がくる。幸いにも発刊中止の広告は出していなかったので、九月一三日になり急ぎ編集に取りかかろうとしたが、ここに困ったことがあった。それは以前より引き受けていた講演旅行である。かれは万難を排して約束を守り、名古屋と京都で予定されていたキリスト教演説会を無事に果たした。二四日に帰京するや否やただちに校正にかかり、二八日にこれを仕上げた。一〇月一日逓信省に届出に行ったが、認可規則の改正があり特別に一〇円を納めなければならなかった。このように九月中には発行のはずのものが、一〇月三日以降に読者の手に届いたようなありさまであった。これはこの雑誌がいかに難産であったかを物語るものである。

創刊号の宣言は次の通りである。「……『聖書之研究』雑誌は『東京独立雑誌』の後身なり。彼なる者は殺さんがために起り、是なる者は活《いか》さんがために生れたり。彼なる者は傷つけんがために起り、是なる者は活さんがために生れたり。彼なる者は傷つけんがために剣を揮《ふる》い、是なる者は癒さんがために薬を投ぜんと欲す。責むるは彼の本分なりしが、慰むるは是の天職たらんと欲す。義は殺す者にして、愛は活かす者なり。愛の宣伝が義の唱道に次ぐは正当の順序なり。『聖書之研究』雑誌はまさにこの時において起るべきものなり……」。かれは聖書を正に日本人のものにするために、「今日の実際的生涯に適用し」ながら、平易にしかも明確にキリスト教を述べようとした。

その表紙には「基督の為め国の為め」と銘打たれてあり、かれの二つの「J」への愛が、ここに凝結したのである。内村は同胞に、十字架の真理を伝えたいという清い熱情に駆られた。かれは宣教師のキリスト教によらず、教会のキリスト教によらず、ひとり聖書のキリスト教によって、これを実現しようとした。この天与の使命を発見し、これに生きるようになるまでには、前章までに見た教師としてジャーナリストとしての、けわしい試練の時代を通過せねばならなかった。

内村の伝道の特徴は、毎月一回発行する「聖書之研究」を縦軸とし、日曜日ごとに行なった聖書研究集会を横軸とする「十字架教」(Crucifixianity)――内村の造語である――にある。キリスト教の本質は道徳教にもあらず、社会改良教にもあらず、実に十字架教たるにある。かれの伝道方式は、いわゆる文書伝道が中核となった。かれ自身書いているように「聖書之研究」はかれの「一生の事業《ライフ＝ワーク》」となった。後にやや詳しく述べるが、その態度はきわめて学問的で、かれの日常生活の道徳的実験からにじみ出た聖書講解がなされる。かれは坊主くさい、いっさいの宗教的権威を認めなかった。自分自身まったくただの人間としてじかに聖書に接し、そこから生ける神のことば＝いのちを学んだ。このような聖書講解の雑誌を出したいとの念は、すでにアマスト大学在学中からいだいていたのである。

研究誌、冒険に成功

本誌発刊それ自身すら無謀の計画と評され、真に奨励《しょうれい》した者はかれの父と二、三の者だけであった。あまつさえ「聖書之研究」という名称に賛成する人は少なく、はなはだ不評判であった。かれは熟慮したが、結局は「失敗を期して」（傍点は内村）冒険を試みたのである。しかし初号三、〇〇〇部はすっかり売り切れた。はじめは、その継続は経済的にも危ぶまれていたが、この心配は杞憂《きゆう》となった。この「信仰的冒険」によってかれは自己の天職を発見した。内村は毎号熱い祈りをもって研究誌を発送した。あたかも父が子を世に送り出すように、あるいは「数千本の親展」を友人に送るがごとくに。その購読者は東北・信州・関東・関西を初め全国各地にわたり、さらに海外にも散在した。農民・商人・会社員・医師・教員・学生・官吏・軍人・実業家・地主・牧師・評論家・文学者などひろく各種の職業領域の人々におよんだ。特に青年や中産的勤労者層に属する人々が多かった。内村はとりわけ文学者を極度に嫌ったが、その逆に額に汗を流して独立して働く者の信仰をひじょうに尊重した。発刊後三年目の明治三六年七月二二日付の宮部金吾あて葉書によると、内村の仕事は想像以上にうまくいっており、ある意味では自分はおそらく日本中で最も幸福な人間であろう、そして「現在の自分の地位」は世界中のどんなものとも交換しようとは思わないと、伝道者としての喜びを正直に書き送っている。「この種の事業の最大困難なる会計問題」も順風満帆《ばん》に、円滑に処理され、ここに精神的にも物質的にも完全に独立した日本のキリスト教が実現した。

発行数は一九〇五年（明治三八年）三月一教友にあてた手紙には一、八五〇部とある。翌三九年、読者の多い

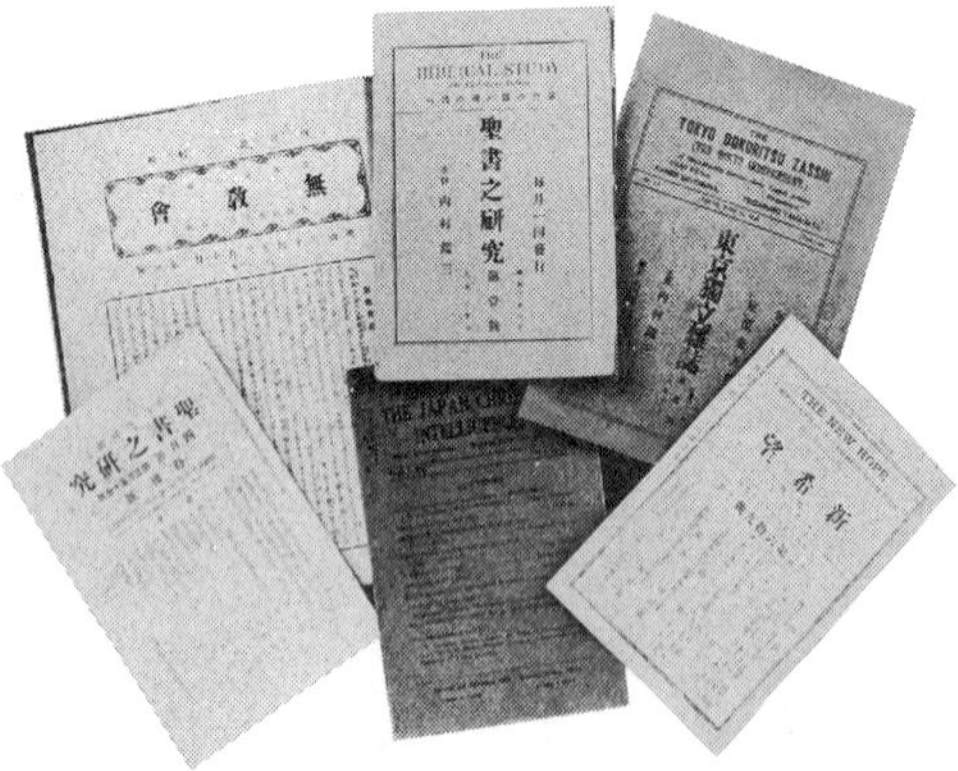

内村が心魂をかたむけて発行した
「聖書之研究」誌初号(中央)と終刊号(左端)
その他（本文参照)。

東北地方が凶作となり、このため需要が減少したほかは読者数は少しずつだが着実に増していった。二、一〇〇部の時が長らく続き、大正七年の再臨運動以来三、〇〇〇部を越し、「研究誌」三〇〇号発行のときは四、一〇〇部に達した。かれが昭和五年三月、七〇歳で死ぬときまで毎月刊行され三〇年間続けられた。終刊は昭和五年四月第三五七号である。誌名を一時改題し明治三八年五月から一年間、「新希望」としたことがあった。紆《う》余曲折を経て、ついに発刊にこぎつけた研究誌であり、また内村自身、途中で何回か休刊あるいは廃刊すら決意したほどの研究誌であった。そればかりではない。かれに反対するものが公然と激しく誹謗《ひぼう》し、攻撃を加える事件も一、二に止まらなかった。かれは「実に心の中に必死を定め」たのであった。しかし内村の主観的な気持ちの動きにもかかわらず、そしてまた何度も社会より葬り去られるような事情が発生したにもかかわらず、それらいっさいをはるかに越えて、雑誌は刊行されていった。これは何によるのか？　かれはこの事業を自分の事業とは考えなかった。「真個の主筆」はイエス御自身であるとの信仰に堅く立っていたのである。すなわち

「この誌の主筆は私ではないのであります。本誌の主筆は神であります。キリストであります。聖霊であります。上よりの能力《ちから》が私なる機関を使って作ったものが本誌であります」と内村は言っている。三〇〇号発行を目前にしてかれは日記に次のように書いている。「雑誌第三〇〇号編輯《へんしゅう》を終わり感慨無量であった。遠く望みし第三〇〇号についに達したのである。我が力に依るのでない、主が導きて今日に至らしめ給うたのである。この事について自分を始め何人も誇ることはできない、全部主の御業《みわざ》である。しかし自分としても無上の光栄である。…嗚呼《ああ》長い戦争であった、時には苦しかった、幾度か祈った『主よ我が一生をして恥辱の内に終らざらしめ給へ』と。そして彼の恩恵に依りて今日あるを得た。我とともに苦しみし我が弱き妻に感謝する。人が顧みざりし時に我を助けてくれし少数の友人に感謝する。嗚呼感謝、感謝、人生は生き甲斐があった。矢張り生れ来りしことは大なる幸福であった」(大正一四年六月二三日日記)。

無教会主義について

はじめて無教会ということばが明確に主張・公表されたのは、かれが明治三四年三月一〇日に発行したパンフレット「無教会」(毎月一回発行、翌三五年八月五日第一八号をもって終刊)による。その第一号に無教会論という社説をかかげて次のように書いている。「……『無教会』は教会のない者の教会であります。すなわち家の無い者の合宿所とも云ふべきものであります、すなわち心霊上の養育院か孤児院のようなものであります、『無教会』の無の字は『ナイ』と訓《よ》むべきものでありまして、『無にする』とか『無視する』とか云ふ意味ではありません……」。内村にあっては無教会の「無」は直接に預言者的直感によってとらえられたものといえよう。まさに信仰の「ナイ」世界に対する神のことばの宣教とそれによる共同体の形成を意味する。それゆえ、かれの伝道が異邦人伝道に向ったパウロのように、教会のない同胞になされたのはごく自然のことであった。

ルターはカトリック教会にプロテストして、聖書の信仰を力強く打ち出した。しかし、そこに洗礼とか聖餐式とかを残し、教会制度を保持した。内村はその不徹底さをするどく批判し、プロテスタンティズムをその論理的帰結にまで押し進めた。そしてかれはマタイ伝一八章二〇節の聖句「二、三人、わが名によりて集まる所には、我もその中に在るなり」を引用して「これがキリストの建てたまふ真個の教会であります。その中心はキリストであります、……信者は一人であり得ないのであります。……」という。聖書のいう真実の教会、これが内村の主張する無教会主義なのである。無教会主義がプロテスタントの歴史に占める革命的意義とその将来を道破して内村は言う「……キリスト教より教会を引去りて残るは完全なる道である。我は道なり真理《まこと》なりとイエスが曰《い》ひ給ひしその道である。教会と云ふ制度的衣裳が泥に塗《まみ》れて見にくしとてキリストとその福音を棄つる理由となすに足りない。教会なきキリスト教が未来のキリスト教である……」すなわち「ルーテルの改革を改革する改革」を主張し実現した。無教会キリスト教は純日本産である。「……日本的キリスト教とは日本人が外国の仲人を経ずして真に神より受けたるキリスト教である」。

以上見たように、内村は無教会主義を唱道したとはいえ、決して教派的活動に堕することなく、教派を越えて、真正の教会の実現に努力した。また各所の教会で講演し、説教し、日本の教会の独立のため力を貸したのである。

聖書的共同体の形成

日曜日の聖書講義はもとより単なる講義ではない。前に触れたように、目指されているのは「真個の教会」形成にある。キリストが中心に居給う自由にして独立せる者の「家庭的団欒」の集会である。事実、「そこに開花した主にある友情の美しさは到底他に見ることのできないものがあった」（山谷省吾「人格としての内村鑑三先生」　追想集内村鑑三先生より）のである。

内村は夏にはしばしば五日ないし一週間にわたる共同生活を行ない、聖書を勉強する特別の集会を持った。これらの会は「わが国における純福音伝播の歴史上意義深きものであって、年を経るに従い益《ます》々鮮《あざや》かな摂理の跡を認めうれるのである」（斎藤宗次郎「ある日の内村鑑三先生」）。それらの特別集会のうち、ここでは第一期に開催された夏期講談会をとりあげよう。

夏期講談会

話は前にもどるが、「東京独立雑誌」で計画し、広告した（同誌五八・五九号）夏期講談会は同社解散によって、内村一人がこれを引き受けなければならなくなった。今更予定を変更することは許されない。大島正健《まさたけ》（一八五九〜一九三八）、松村介石《まつむらかいせき》（一八五九〜一九三九）、留岡幸助《とめおかこうすけ》（一八六四〜一九三四）が講師として応援し、明治三三年七月二五日より八月三日までの一〇日間、聖書を中心に道徳・文学・歴史などのキリスト教的「講究会」が、角筈《つのはず》の女子独立学校で寝食をともにして行なわれ

角筈での第三回夏期講談会
（二列目の中央が内村鑑三）

た。集まる者八〇名。多くは初対面であったが、一見旧知のように互いに精神を吐露《とろ》しあう集会となった。長野県南安曇《あずみ》郡東穂高村からは、井口喜源治《きげんじ》と荻原守衛《おぎわらもりえ》が参加した。井口（一八七〇〜一九三八）はキリスト教主義の私立学校「研成義塾」を清貧にあまんじ、独力で経営し、すぐれた人材をこの世におくり出した。「多分これよりも小なる学校を想起することはできますまい。校舎一棟、教師一人と云ふのであります。……それが三〇年続き、七〇〇人の卒業生を出したと云ふのであります。実に不思議と云わざるを得ません……」と内村は昭和三年一二月一日に同義塾設立三〇年記念に際しての祝辞の中で述べている。荻原（一八七九〜一九一〇）はのち碌山《ろくざん》と号しロダンに師事、日本における近代彫刻の開拓者となった人である。今かれの全遺作が故郷の信州穂高町の碌山美術館に保存されている。なお、内村の影響をうけた新宿中村屋の創始者相馬愛蔵・黒光《こっこう》夫妻は、この二人のよき理解者、援助者であった。岡山県からは森本慶三（一八七五〜一九六四）が熱心に聴講した。この講談会での内村との「劇的な邂逅《かいこう》」は森本の八九年九か月の全生涯をキリストのために用いつくす転換点となった。多額の私財をなげうって、大正一〇年津山基督教図書館を創立した。開館式の一月三日には内村を迎えることができた。かれは津山・山陽・中国各銀行の取締役の要職を歴任、そのかたわら積極的に伝道を行ない、昭和二五年七五歳のとき、津山基督教図書館高等学校をおこし、自ら校長となり全学年の宗教科を担任した。死に至るまで「青年のような熱情と気魄《きはく》とをもって」内村から学びとったキリスト信仰を一筋に生き抜いたのである。これらの人々はその若き日に、この講談会で内村の魂のいぶきに接し、信仰の緒口《いとぐち》を与えられたのである。日本近代劇の開拓者で、後に背教した小山内薫も参加した、第二回目の夏期講談会も翌年夏角筈《つのはず》の閑静な地で行なわれた。このときの参加者の一人浅野猶三郎が内村の弟子のなかで最初に独立伝道者となった。内村の人間的魅力にひかれた志賀直哉も加わった。第三回目も同じ場所で明治三五年七月に行なわれた。講師には大島正健・黒岩涙香《るいこう》・津田仙・山県五十雄などが来援した。この会には、千葉市検見《けみ》川で発見された二千年前の古代の蓮《はす》を見事に開花させた「蓮の博士」で世界的に有名な大賀一郎（一八八三〜一九六五）、研究誌の熱心な愛読者で内村の伝道を積極的に助けた千葉県山武《さんぶ》郡鳴浜《なるはま》村の村長で近代日本の農村の先覚者海保竹松《かいほたけまつ》（一八七五〜一九五三）、内村の主張する非戦論に共鳴し、徴兵拒否を決行しようとした熱血の人斎藤宗《そう》次郎（一八七七〜一九六八）、パナマ運河の工事に参画し、後、荒川放水路と信濃川分水の両工事を完成した青山士《あきら》（一八七八〜一九六三）、後に内村に背《そむ》いた若き日の有島武郎などがあった。

角筈聖書研究会

この会のあとで、有志によって角筈聖書研究会がつくられた。そして内村が明治三四年より行なっていた日曜日午前中の聖書講義にかれらも出席をゆるされた。会場が狭いためかれは便宜上二五名を限って聴講を許可した。その伝道方法は意固地なまでに独立と権威を尊重した。中江藤樹・伊藤仁斎・山崎闇斎のような儒教の教師の方法を範とした。すなわち規律は厳格をきわめ、たとえば二回以上の無届欠席は除名するというものであった。しかしここでは、先生と生徒が文字どおり人格的に相対し、会員同志は切磋琢磨《せっさたくま》して、キリストのため、国のために尽くそうと一致協力した。今までに述べてきたように、内村を中心とした団体は、いわば自然的に、人為や組織によらずに、聖書の指示する共同体の形成へと進展していったのである。次にそのような共同体のひとつである教友会を見よう。

教友会

「聖書之研究」読者を中核として、「友誼《ゆうぎ》的団合」（内村が好んで用いた表現）を結成し、キリストにある愛の共同体の実現を計ろうとする気運がたかまった。内村の提案によって、まず新潟県柏崎《かしわざき》に、ついで同県大鹿の教友たちによって、いち早く「教友会」の成立をみた。明治三八年九月ごろのことである。当時「聖書之研究」は「新希望」と改題していた。その六八号（明治三八年一〇月）誌上において、内村はロマ書一三章八節（汝らたがひに愛を負ふのほか何をも人に負ふな）を引用して、愛の交わりを強調、読者が各地に教友会を設立することを慫慂《しょうよう》した。同誌上に記された主旨と会則の二、三を次に掲げておこう。

「教友会主旨　我ら神とその遺はし給へる独り子イエスキリストを信ずる者ここに相結んで教友会を組織す、父なる神の援助を得て同志相扶《たす》け神の聖旨に合へる生涯を送らんことを期す。

会則一、本会は同志二名以上ある所にはこれを組織するを得べし。

一、本会は友誼的団体なり。いわゆる教会にあらず、故に確実なるキリスト教的信念をいだく者は何人もその会員たるを得べし。

一、会員は少なくとも毎月一回（若し出来得るならば毎日曜日）一所に相会し祈禱讃美感謝を共にし、かつ同志の安否を問ひ哀楽を頒《わか》ち相互の援助を計るべし。等々」（傍点筆者）。

時あたかも日露戦争の講和条約が米国ポーツマスで行なわれていた。（明治三八年九月五日調印）。日本に不利な講和条件に反対し、同じ日東京日比谷で講和反対の国民大会が開かれた。興奮した人々を警官が無理に解散させようとしたことが直接の動機となって、民衆は東京市内各所の警察署などに焼き打ちをかける事件が起こった。ただでさえ国民の生活は膨大な戦費の犠牲になっていたので、この事件は期せずして反権力の方向に直進した。物情騒然とした政治的・社会的情勢である。しかも同時に戦勝の「祝杯は全国至る所において挙げられ、感謝の祈禱は各教会において献げられ」る（「新希望」明治三八年一一月一〇日）始末であった。このような時にまさに「純正なるキリスト教」が新日本の一つの徴《しるし》として起こったのであった。

初期の教友会会員名簿（明治三八年一二月二〇日付会員総数一〇六名）によると、この年の暮までには、次の諸教友会がさかんに活動していたことがわかる。（括弧内数字は会員数）新潟県三条(三)、大鹿(一)、柏崎

(四)、長野県上田(五)、下高井郡木島(六)、小諸《こもろ》(五)、東筑摩(七)、南安曇《みなみあずみ》郡東穂高(一八)、福島県伊達《だて》郡粟野《あわの》(四)、千葉県山武《さんぶ》郡鳴浜《なるはま》(九)、岩手県花巻《はなまき》(一六)、福島県本宮(二)、海外では布哇《ハワイ》(五)。東京の角筈《つのはず》教友会(二〇)の成立は比較的おそく同年一一月二五日であった。東京を除き各地とも会員の年齢は大体一七歳より四〇歳までの青壮年で、独立して農業を営む者が中心となり、商業経営に従事する者がこれに次いで多い。明治三九年四月の名簿(会員総数一三九名)では、米国加州にも教友会ができている。会員五名。浅見仙作(一八六八〜一九五二)もその中にいた。かれは百姓の子である。在米中「聖書之研究」をむさぼるように読み内村の説く非戦の原理に深く共鳴した。明治四〇年帰国すると北海道で農業や浴場業を経営しながら独立伝道を行なった。太平洋戦争中、平和思想のゆえに官憲の迫害に会い留置監禁され——当時かれは七八歳の高齢であった——たが終わりまで屈しなかった。(教友会名簿は斎藤宗次郎氏に見せていただく)。

大正元年の秋、内村は三度目の札幌伝道におもむく。この時、札幌独立教会の牧師竹崎八十雄《やそお》が、教友会を全国的に組織しようと提案した。しかしこれは、内村と同行した各地の教友会メンバーによって拒否されるという事件が起こった。もともと制度・組織を目ざさない会であったから、一応の歴史的責務を果たすと自然に解消する方向に転ぜざるを得ない。すでに大正六年ごろには教友会という名称は実際にはあまり使用されていなかったらしい。現に同年に印刷した名簿は「柏木教友名簿」と称し、会という字は脱落している(この名簿は坂田祐《たすく》氏が持っておられ、最近発見されて、渡辺五六氏を通じ国際基督教大学の内村文庫に贈られた)。しかし後に述べるように内村が再臨運動を展開し、この会が「柏木兄弟団」として発展的に解散

柏　　会

（向かって，後列左端より三人目黒崎幸吉，その隣塚本虎二，二人とんで高木八尺，中央列右端より二人目藤井武，一人とんで三谷隆正，前列中央内村鑑三，左隣前田多門の諸氏）

するまで続いているのである。東京の教友会の会員数は成立当初二〇名であったものがこの名簿によると一〇八名（神奈川県の五名を含む）に達している。そのうち約二割が学生で一番多く、職業別に見ると商業・製造業等の自営業者、家庭の主婦、会社員、教師、軍人などの順で会を構成し、地方の教友会といちじるしい対照を示しており、都市的中産階層者である。

柏《かしわ》会とエマオ会

柏会は、明治四二年一〇月から始まった勉強会である。時の第一高等学校長新渡戸稲造の人格を敬慕する一高・東大の学生卒業生二四、五名が一団となって、内村の門をたたきかれの教を乞うたのがそのはじまりである。種々の人が談論風発するといった具合で、「まったくの俗人会」（塚本虎二「内村鑑三先生と私」）であった。この俗人会のなかから数多くのすぐれた無教会の指導者が生み出された。大正五年一〇月に解散し、藤井武・黒崎幸吉・塚本虎二・江原万里《まさと》・金沢常雄・矢内原《やないはら》忠雄・三谷隆正《たかまさ》・隆信《たかのぶ》兄弟・前田多門などが、こんどは純信仰的集団であるエマオ会を作った。

白雨《はくう》会

明治四四年一二月二三日のクリスマス晩餐会において、教友会・柏会に属さない者の会の結成が発表された。神の恩恵である白雨《むらさめ》(文語旧約聖書の詩篇六五篇一〇節による)に因《ちな》んで名付けられた。この集会はメンバーの下宿または家庭で行なわれ、祈禱会を中心とした愛の交わりの団体である。一高、東大、慶応、一橋などの学生からなっており、坂田祐を中心に、南原繁《なんばらしげる》・星野鉄男《てつお》・鈴木錠之助《じょうのすけ》・石田三治・松本実三《じつぞう》・高谷《たかや》道男・高田運吉・植木良佐《りょうすけ》・増地庸治郎《ますじようじろう》など十数名が加わった。この会は昭和七年ごろまで続いた。

柏木兄弟団、その他

われわれの時期区分の第一期後半に結成された以上の会は、内村が再臨運動を展開した第三期に入るや、かれの伝道を積極的に助けるため、柏木兄弟団として発展的に解消した。兄弟団の成立は大正七年九月一五日、内村をはじめ八二名の者が署名した。この会も多少とも「機構管理」化の徴候がみられるようになると解散されることとなる。内村は日記に次のように書いた。「幾分にても機械的になりし兄弟団を解散して友人間の関係は一層真摯《しんし》にかつ親密になりしように感ずる……而して団の解散に由ってそれだけ我らは素《もと》の生命に帰ったのであって歓喜に堪へない」(大正一〇年一一月四日)。しかし、その後わずかに四か月後には、かれの門下の医者だけの「サマリヤ会」（ルカ伝一〇章のよきサマリヤ人の譬による）という団体ができて内村は喜んだ。また大正一二年一二月には「洗足会」（内村の命名、ヨハネ伝一三章五節による）という愛の交わりの集会が生まれた。

この会は毎月一回会員宅を持ち回って、祈禱を中心に会員の信仰生活の実験を語り互いに励まし合い、安否を問い合う会であった。内村の死後も続けられた。戦後は洗足会の会員以外の人たちも加わって、「霊交会」の名のもとに最近まで存続した。その他の会では内村の愛娘ルツ子の死を記念した「モアブ婦人会」があり、これは現在まで続いている（ルツ子の死については次段に述べる）。

信仰の展開と伝道者としての活動
――聖書講義をめぐって――

復活の信仰

愛娘ルツ子の死は内村の信仰の生涯にとって記念すべき出来事となった。ルツ子は明治二七年三月一九日、内村の京都在住時代の生活が最も窮迫《きゅうはく》していた時代に誕生した。彼女の名「ルツ」は旧約聖書中内村の特愛の書、「ルツ記」の主人公モアブの婦人ルツからとったものである。彼女は内村の新聞・雑誌記者としての勇戦奮闘の時代に、両親の愛を一身に受けて成長した。内村は彼女の性格について語る、「ルツ子にとり全人類はただ二階級にわかれていた。すなわち好きな人と嫌いな人の二つの階級である。彼女は男らしき男と女らしき女を愛し、女らしき男と男らしき女とが大嫌いであった。特に女らしき男に対しては表現することばのないほどに嫌った」と。明治四四年実践女学校を卒業し、卒業と同時に聖書研究社の事務員として働いた。しかし二か月後には発病した。ルツ子の病気は当時の医学では、正体がよくわからない難病であった、と言われる。箇所不明の結核症その他まちまちの診断であった。高熱が続いて元来あまり頑丈《がんじょう》でなかった彼女の肉体は、そのために衰弱していった。医師の治療と両親の看病と、それに内村の切なる祈りにもかかわらず、一二月四日には医師から死の宣告が下された。

内村はルツ子の臨終の模様を次のように記す、「ルツ子は六月以来の病苦により無邪気なる一少女から信仰の篤《あつ》い婦人となった。病は彼女の肉を滅ぼし霊を救った。ことに医師よりの宣告の下った後の彼女は、信仰的に立派で神とキリストの名を聞いて彼女の眼は涙に浸《ひた》された。彼女は自分の罪を悔いこれを神の前に言いあらわして、その赦しを得た。彼女の心には今や誰に対しても怨恨《えんこん》はなかった。病床にあって瞑目《めいもく》し感謝してからでなくては食事もせず薬も飲まなかった。臨終の三時間前に彼女は、両親とともに聖餐式にあずかった。彼女はその細くなった手に盃をとり、キリストの血を飲み終わると死に瀕《ひん》した彼女の顔に歓喜の光を表《あら》わして、あざやかな声で『感謝、感謝』とくり返した。ルツ子の脈搏が絶えてからほとんど四十五分、死との大苦闘を続けた後に突然彼女の唇より『もう行きます』ということばが発せられた。少しの苦痛も帯びない、少女らしい自然の声であった。その後十二分で気息《いき》が絶えた」。「彼女の死顔には口元に微笑が浮かんでいた。よって彼女は好い所へ行った事を知るのである」と。彼女は一九一二年(明治四五年)一月一二日午前零時一三分に永眠した。数え年一九歳であった。

一月一三日午後一時より今井館聖書講堂において、ルツ子の告別式が行なわれた。内村の友人田島進牧師司式の下に式は進み、最後に内村は立って謝辞を述べて言った、「今日のこの式はルツ子の葬式ではなく、

明治43年頃の内村の家族
(左から、令息祐之、鑑三、ルツ子、夫人シズ子、女中キヨ)

愛嬢ルツ子

彼女の結婚式であります」と。埋葬は雑司ケ谷の墓地で行なわれた。地下に柩《ひつぎ》が納められ、まず、遺族が土をかけることになった。内村は一握りの土をつかみ、その手を高く上げ、肝高《かんだか》い声でいきなり「ルツ子さん万歳！」と大声で叫んだ。内村の霊はこの時天上のルツ子と一つとなり、復活の信仰がかれの中に不動のものとなったのである。

新しい出発

当時の内村は思想も枯れて誕生満五〇年（一九一一年三月）を期して雑誌「聖書之研究」を廃刊することさえ考えていたほどで、友人たちの反対によって廃刊を思い直したのである。ルツ子の病気とその死はそのような内村の信仰と思想の停滞時期に起こった。愛する娘の死は内村に耐え難い悲しみを与えた。しかしその悲境のうちに内村に一大希望が与えられた。「復活と来世」の信仰が湧き出てきたのである。再会への希望以外に愛する者を失った者の悲しみを慰める何ものもないではないか、と内村は言う。「彼女逝きて余の心中に革命あり、この世はただ神の労働園としてのみ価値あり、その他はさらに価値無之候《これなく》……天国、復活、永生これのみが事実にして問題に有之候《これあり》」と当時友人あて内村の書簡にある。「この日我らの愛する一人の少女は我らを去りて我らの天地は一変した。この日、聖国《みくに》の門は我らのために開かれた……」。「余は余に残りしすべての野心をルツ子の亡躯《なきがら》と共に彼女の墓に葬った……余は余の愛女と共に墓に葬られし様に感ずる……今より後、余の身より何か少しなりと、本当に神の聖旨にかなう事業ができるのであると思う」。内村はいまやルツ子とともにこの世に死んで、復活と来世の希望に活きるものとなった。信仰の生命は復活の光に光被せられ、やがて後述する再臨信仰へと継続、発展して行くのである。キリストの再臨の時に復活も永世も天国も成就《じょうじゅ》するからである。ルツ子の死は内村の偉大なる事業と生涯にとり、欠くべからざる貴重なる犠牲であった。ルツ子が死んで一年後、大正二年二月に内村は、「聖書之研究」誌に書いた一〇年間の短文をまとめて出版した。「所感十年」という。この本の巻頭にはルツ子に対する「献辞」（Dedication）が載《の》せてある。「奮闘の最中を経て一八年間の侶伴《りょはん》たりし余の愛するルツ子に　多分は彼女の認められざりし感化の下に筆せられしこれらの文字は　彼女の友にして父なる著者によりて切々の愛心をもって題寄せらる」と。

「再《ま》た会ふ日まで」の碑

大正三年一二月一一日にルツ子の墓碑ができた。内村の友人で山口県秋吉の人、本間俊平《ほんましゅんぺい》はルツ子の死に同情し、自分の所有する石山より大理石を採掘し、墓石に加工して内村に寄贈した。内村は「再《ま》た会ふ日まで」と墓石に刻んだ。当時作った建碑と題する詩がある。「武蔵野《むさしの》の真中《まなか》、女郎花《おみなえし》の咲くところ、雑司ケ谷の森に、我がルツ子は眠る。大理石の三塊《みかたまり》、長門《ながと》秋吉《あきよし》の産、友人の愛に刻まる、再た会ふ日までの碑、……祈る天上の祝福、望む再会の歓喜《よろこび》」と。のちに天野貞祐はいう、「……内村先生の場合、あるいは早世した愛嬢の墓銘として『再た会ふ日まで』という一句をえらばれた一つの行為において、我々は先生の信仰、情熱、詩人的性格、要するに先生の全人格を把握しうると思う……」と（追想集内村鑑三）。「再た会ふ日まで」の碑はその後移されて、現在は多磨霊園内、内村鑑三の墓の隣にある。

大正デモクラシー

ルツ子の死後半年あまりで大正の時代を迎える。前章のはじめで述べた内村の伝道の第二期後半より第五期前半の時代は大正時代で、いわゆる「大正デモクラシー」と呼ばれる時期に相応する。この時代は日清・日露の両戦争を通じ、産業革命を完了した日本資本主義が独占資本主義へ発展・確立する過程である。国際的なデモクラシー思潮の高揚のさなかに、東京帝大教授吉野作造は民衆政治を鼓《こ》吹《すい》、「民本主義」の思想活動を指導的に展開した。これと絡《から》み合って、とりわけ大正六年（ロシア革命の年）よりは社会主義運動が強力に推進された。河上肇の「貧乏物語」が読書界から非常な歓迎をうけたのもこのころのことである。貧富の懸隔《けんかく》はきわだっていちじるしくなり、民衆は絶えず生活難におびやかされた。この社会的矛盾の端的なあらわれは、大正七年全国的に波及した米騒動と毎年続発する労働争議に具現された。賀川豊彦（一八八八〜一九六〇）は、内村と同様青年の日にカルヴィン主義の宣教師からキリスト教を学んだとはいえ、まったく対蹠《たいしょ》的な生き方を、信仰と行為において示した。かれが大正一〇年神戸の川崎造船所および三菱造船所の大争議の先頭に立ち、これを指導したことはあまりにも有名である。この時代は明治と昭和の狭間《はざま》にあって小市民的生活を現出し一種の落ち着きをもたらした。生活をエンジョイする風潮が出はじめたのがこの時代の特徴である。国家主義的よりはむしろ人類主義的・個人主義的傾向がいちじるしく強い。文学の面では白樺派はこれを代表する。哲学では新カント派哲学が重んじられた。一般に阿部次郎の「三太郎の日記」にみられるように教養主義が浸潤《しんじゅん》した。しかし注意しておきたいのは、デモクラシーとか個人主義とか言っても、それらは主として都市の中間層の合ことばとなり得ても、それ以外の特に農村社会には無縁であり、一般に「家」意識に呪縛《じゅばく》され呻吟《しんぎん》していた。いずれにせよ、このような思想史的にみて、二重構造的な時代において個人の持つ真実の意味を真に徹底的にあきらかにしたのは内村の聖書講解、ことに大手町時代の講演以外に類はないであろう。大正の社会・文化史に占める内村の講演の意味はこれに止まらない。神との対決を通し、いわば歴史への断念のゆえに、逆説的に鋭く歴史に関与してゆく特徴を、かれのこの時期の講演の随所にわれわれは看取する。日本人にはめずらしい弁証法的な思考方法といえよう。そして預言者的な警告となって聖書の言葉がぶっつけられる。一例をあげれば「モーセの十誡」において、「汝殺す勿《なか》れ」の箇所で次のように断言的にきびしく警告を発する。「今日に至る迄資本家又は工業主にして辜《つみ》なき男女工の生命を奪ひしもの幾許《いくばく》ぞ、……一人の資本家が自家の懐《ふところ》を肥さんと欲して数万の民を殺しつつある、多くの工場主が貴き生命を犠牲にしてその工場の繁栄を計りつつある。之豈《あに》明白なる殺人罪ではない乎……」。

しかし、具体的に内村の聖書講演、ことに大手町時代の講演について述べる前に、大正期前半の内村の新たな信仰の展開―再臨の信仰を、その成立の背景としての欧州大戦との関連において考えなければならない。

欧州大戦と内村

一九一四年（大正三年）七月三一日、ドイツ・オーストリア＝ハンガリア対イギリス・フランス・ロシアの欧州大国間に、四年余におよぶ大戦争が開始された。欧州大戦のはじまったことを聞いた内村は、数日の間激しくその信仰をゆすぶられた。かれは、明治四一年八月号の「聖書之研究」に「非戦論の原理」を書いた。結論として、軍備拡張は列強目下の最大問題である。しかし、事実として人類の歴史は戦争の利益を教えず、その害毒を伝える、国は戦争によって滅びる、人類が進むにつれて戦争の害はますます増し、その益はますます減じてくる。戦争をするのはまったく益がない。国民は生きんとするなら戦争をやめるほかに手段はない、と論じている。ところが、明治四四年九月に「聖書之研究」にのせた「世界の平和は如何にして来る乎《か》」および「世は果して進歩しつつある乎」の二論文によると、この世の進歩は物質的方面、自然科学の領域にいちじるしく、やがてはこの世を楽園と化するかもしれないほどであるが、人格的方面においては退歩である、グラッドストン以後は世に偉大なる政治家は跡を絶ち、音楽においてベートーベンが頂上であり、哲学においてカント、スピノザ以上の哲学は考えられない、今や、眼前の肉欲の増進と快楽の進歩が唯一の問題である、世は老衰の状態にある、道徳宗教の俗化がきわまる時にこの世の終焉《しゅうえん》が臨む、この世の終わる時は万物の終わりではない、その時来世の始まり、真のキリストの顕《あらわ》れたもう時である、今や期せずして世はキリストの来臨を招きつつあると。欧州大戦の開始は数年前のこの内村の述べた預言・警告の実現と思われた。内村にとって大戦の勃発は非常なる衝撃であったのは当然である。しかし間もなく平安を取りもどし、戦争そのものに対する憎悪はいっそう深まると同時に、人間に対する愛はますます深くなったのである。大正三年一一月「研究誌」にのせた「欧州の戦乱と基督教」という論文はアモス書二章四・五節を引用し、「戦争は悪事であると同時に刑罰である、勝っても負けても神の刑罰を蒙りつつあるのである」に始まる激しい欧州諸国に対する断罪を述べる。しかし最後に欧州諸国民に対する神の愛を述べ、刑罰の後に大復興の臨むことを告げ、真の信仰、真のキリスト教の再興を力説している。大正四年一月のイザヤ書二章一〜五節を掲げての「戦争の止む時」という論文も平和の実現に対する内村の理想の極致を述べたものである。大正四年一二月の「ノアの大洪水を思う」にいう。大戦の原因は経済戦とか商業戦、あるいは人種戦と見るのは皮相を見るに過ぎない。この戦争は神に対する民の叛逆によって起こったのである。従ってその叛逆が癒《いや》されなければこの戦争は止まない。そのような幸福なる時は必ず来る、神が悔改めの霊を交戦国民の上に注ぎ給いてこの戦争の大洪水は終熄《しゅうそく》を告げるのである、と。

柏木講壇における内村鑑三とその著作

米国の参戦

内村にはなお望みとするものがあった。米国の中立である。米国こそこの人類の惨劇たる大戦を仲裁し、その無限の富をもって交戦諸国の損害賠償にあて、この戦争を買いとり地上から戦争を絶滅して人類から戦争を取り除くことができる。

米国ならそれが可能であると考えていた。ところが米国はついに一九一七年(大正六年)四月に参戦した。内村は「米国の参戦」という論文を雑誌にのせた。副題に「平和主義者の大失望」とある。清教徒の一団によって、自由と平和の国土を建設した米国もまたついに現実主義的国家となってしまった。内村は唯一の希望を託していた米国の参戦により、人間の努力による戦争の廃止、平和の実現に対し完全に絶望した。ここにおいて内村の信仰は一大飛躍をとげ、再臨信仰となって熱火のように燃えた。前年の夏に米国の友人ベルにより送られた「日曜学校時報《サンデースクールタイムズ》」によって、再臨に対する信仰を触発されたことと相まって、聖書を再臨の信仰の光によって再読することにより、いよいよ信仰が強固なものとなってゆき、大正七年一月から開始されるいわゆる再臨運動へと発展してゆくのである。

基督再臨の高唱

大正七年一月六日、内村は組合教会の木村清松《せいまつ》、聖書学院の中田重治《じゅうじ》と共に神田YMCA講堂において「聖書の預言的研究講演会」を開催した。内村は「聖書研究者の立場より見たる基督の再来」と題し、信仰生活四〇年、いかにしていまや基督再臨を信ずるにいたったかを語った。この講演会は二月一〇日、三月三日と続けられ、いずれも一、二〇〇余名の来会者に満たされた。三月一〇日には関西へ行き大阪・京都と再臨を高唱し、三月末には再び神戸YMCAで一、五〇〇名余の聴衆の歓迎の中に登壇し「復活と再臨」と題して講演した。四月には第一日曜より五月第二日曜まで六週間、毎日曜日ごとに神田バプテスト中央会堂でバプテスト派、聖書学院など各派合同の再臨問題研究講演会を開いた。

車田秋次、坂田祐、中田重治らと共に登壇した。このころようやく再臨反対説が盛んとなってきている。五月中旬には第三回目の関西行をなし一八日に神戸ＹＭＣＡ、一九日に大阪、二〇日神戸、二一日京都と再臨を力説して柏木に帰った。

六月に入ると、三崎町のバプテスト会堂で、再び同派宣教師アキスリングらと講演会を開く。この講演会あたりから内村の講演の中心は再臨問題から聖書問題へと移行しているのがみられる。「イエスの変貌」「ラザロの復活」などの題下で講演がなされた。内村が行なった一月より六月までの講演会の数は二二回、一万余の人々に語っている。この半年間の講演筆記はすべて藤井武によるもので、「基督再臨問題講演集」として岩波書店より発行された。「聖書之研究」一二月号にのせた内村の論文「基督再臨を信ずるより来りし余の思想上の変化」によると、内村の生涯に三度の大変化があったという。第一は明治一一年多神教より一神教への転換で天地万物の創造主なる神を信じたこと。第二は一八八六年にアマスト大学においてキリストの十字架による罪の贖《あがな》いを認めたこと、第三は大正七年にキリストの再臨を確信するを得て生涯の大革命が臨んだことである。内村は言う、基督再臨とは万物の復興である。また聖徒の復活、正義の勝利にして最後の審判、そして神政の実現である。人類の希望を総括したもの、それがキリストの再臨である。これを理解してすべてがわかる。再臨を信じて聖書がわかり、聖書がわかって神を解し、人生を解し、自己を解した。神は死の苦痛を除き、自分と天然とを永久に結び、贖われた身体をもって完成された天地に不朽の生命を受けるの希望を賜うたと。大略以上のような思想と信仰を聖書に即して、聖書学、歴史学、地理学、天文学、植物学などの内村の全知識を傾けて各方面から説いたのが内村の再臨運動であったといいうる。

再臨反対説に対する応答

内村の再臨運動に対し海老名弾正《えびなだんじょう》、杉浦貞二郎、三並良《みなみはじめ》、富永徳磨らは「神学評論」「基督教世界」などの雑誌により反対論を掲げた。内村は四月二一日の「ヨハネ伝における基督の再来」と題する講演で海老名弾正の四月四日付「基督教世界」にのせた論文の一節「ヨハネ伝にはキリストは精神的に来るのであり、キリストの霊がわが心に溢れて清くなり高くなり平安を得るのである、キリストが雲に乗って来るという思想などユダヤ教思想であり異端である云々」を引用して、再臨のことにつきヨハネ伝を信用するなら、そこにあるイエスの神性、奇蹟、ラザロの復活などを信ぜよ、そうすれば再臨を信ずるにいたるであろう。またヨハネ黙示録とヨハネ伝の同一著者説が近年有力である、もしそうならヨハネ黙示録こそ、再臨の福音書とも称すべきものではないか、と反論している。なおこの講演の記録をのせた「聖書之研究」六月号には、「乗雲の解」と題する論文がある。内村はその論文で「キリストが雲に乗りて来り給う」という記事を非科学的なりと嘲笑する者に対し、マタイ伝二四章三〇節において「雲に乗り来る……」の「乗り」は原語にはない。雲に乗り来るは訳者の意訳である。ヘブル書一二章一節「多くの証人に雲の如く囲まれ……」とあるように「雲」は詩的表現とみて「キリスト天の聖徒の群を率いて来り給う」と解して誤りではないという。内村の聖書解釈の一面を示す。

再臨運動の終結

内村は一〇月一一日から三日間、岡山県会議事堂において、再臨講演会を開いた。その後一一月八日から三日間、神田ＹＭＣＡで基督再臨研究東京大会を、宣教師数名とともに各派合同で催した。大正八年一月一七日から三日間、内村最後の再臨講演会である大阪中之島公会堂の再臨研究関西大会に出席、三日目の午後二、三〇〇の堂に満ちた聴衆を前に「伝道と基督の再臨」と題し、最後の再臨講演を行なった。以後はＹＭＣＡの聖書講演会において再臨問題を述べることがあったとしても、特別な再臨講演会はまったくしなくなった。再臨信仰はあまりに熱中しすぎ理性を失うとき、現実を無視する再臨待望者、再臨狂を生む恐れがあった。

内村の再臨運動中大正七年八月二六日以後「日々の生涯」と題し毎月「聖書之研究」誌の巻末にのせられるようになった内村の信仰日記は一一年半の間、内村の死の直前まで記された。内村の信仰、思想、行動、背景となる時代の動きなどを知ることができ、このうえなく貴重な記録である。

大手町聖書講演会

大正八年六月一日、新会場、大手町内務省前、大日本私立衛生会講堂において第一回講演会が開かれた。内村は新会場がＹＭＣＡより、採光・換気の点、その他ですぐれているのを喜んだ。講演会の開会時間は最初の一年間は午後二時であったが、大正九年六月六日よりは午前一〇時開会に変更した。内村にとり帝都の中央大手町での日曜日ごとの講演会は楽しいものであった。「講演終えて中央停車場に向えば晩秋の夕、空晴れ、富士山系を背景に千代田の城高く聳《そび》え言い難き景色であった。福音を説

大日本私立衛生会（大手町講演の会場）

いて家に帰る時の楽しさは経験を持ちし人ならでは知る事ができない」と大正八年一一月の日記に記す。内村は聖書講義について「教会と伝道の事とは余には解らない、幸ひに聖書の事は少し解る……余は中江藤樹が経書を教えし様に余の同胞に聖書を教へれば、余はそれ以上の事を為すに及ばないのである」という。

内村はまた大正八年秋ごろより天体観測に興味を感じ双眼鏡を購入し、早朝暗いうちに起き星を観測し、天体の壮美を讃嘆している。大正九年四月には「星の友会」をつくった。ヨブ記の研究で「星を見て神を見るの実感が起らざる人にはヨブの心は解からない」とあるのはこのような背景を持つのである。

ダニエル書講演

これは大正九年一〜三月に行なわれたものである。内村は、今日のように世界改造の声高く、多くの人が不安を抱く時に世界の将来、人類の歴史の終局いかんの大問題に対し聖書の観察を明白ならしむるためには、ダニエル書こそ最も適当なものとし、ダニエル書の講演を行なった。ダニエル書第二章で古代バビロン城市の壮大な姿を述べ、第五章でその覆滅を講じた。古代バビロンの滅亡は人類の物質文明滅亡の預言である。今日世人の謳歌する欧米物質文明もその極に達する時、その快楽主義文明は俄然として滅亡するのである、と内村は説く。三年後の関東大震災で壊滅する東京への警告であったとも受け取れる。

ヨブ記講演

この講演は大正九年四月から一二月に及んだ。この講演で内村はまず「ヨブ記」のいかなる書なるかを説明する。旧約聖書の三九書中創世記以下はじめの一七書を歴史、終わりの一七書を預言とし、中間の五書を心霊的教訓の書とする。ヨブ記は心霊の実験記と見られる、という。またヨブ記はダンテの「神曲」、ゲーテの「ファウスト」などの手本とされたところの文学書ならざる世界最高の文学書である、と。ヨブ記は内村の生涯における最も円熟した信仰と思想の時代にその全力を傾けた名講演の一つである。現在は、畔上賢造の筆記によって読むほかないのであるが、それでも一大交響楽を聴く思いがするのである。内村は言う、ヨブ記の主題は「義人に何故苦難が臨《のぞ》むか」という問題の提起である。なぜ義人ヨブに苦難が臨んだかは理論的に説明されないが、大痛苦の中にありてついに神御自身に接することができ、そして神に接するとともにすべての懊悩痛恨《おうのうつうこん》を脱して大歓喜の状態に入るのである……キリスト信者の実験もまたこれである。ヨブは悲しみ悩みの底で神の啓示に接し九章三二節の仲保者《ちゅうほ》の欲求となり、一四章一四節以下一七節の再生の願いに達する。ヨブは暗黒の中に一閃《せん》また一閃と光明に触れながら前進を続ける。内村は一四章をヨブ記最美の一章と讃え、「自分乍《なが》ら荘厳なる悲哀美に打たれた」と言う。一六章に至りヨブは神を恨《うら》み、大地に注がれようとするわが血に向かい自分の真実の証人になれ、と叫ぶ。その苦悩の中で一九節にいたって一転し「見よ、わが証《あかし》となる者、天に在り……」と言い、二〇節で「わが友は我を嘲《あざ》ける、されどわが目は神に向いて涙を注ぐ」という。内村は「無限の感情がこの一語の中にこもっている」と注している。一九章にいたり暗黒深まり、ヨブは友に憐れみを乞うが、二五節において大思想がかれに光のように臨《のぞ》む。「我知る、我を贖《あがな》う者は活《い》く、後の日に彼、必ず地の上に立たん……」と。「贖う者」とは弁護者のことである。その弁護者が他日地上に現われるという大希望に達する。かれはついに贖主《あがないぬし》を発見するのである。ヨブの苦難の意味は贖主の発見にあると内村は説明する。一〇月一〇日に内村はヨブ記一九章二五節の講演をしたとき、そこに含まれている真理のあまりに大なるために熱せざるを得なかった。そのために講壇を降りて眩暈《めまい》を感じ、その後一か月間の静養を余儀なくされた。宣教者としての内村がいかにその聖書講演に心血を注ぎ出したかを示すエピソードである。再び講壇に立って内村は三八章以下四二章までを講じた。三八章の講義の冒頭で内村はいう、「余はヨブ記の絶頂たる一九章を講じてのち病を得、数回この講壇を休むの巳《や》むなきにいたった。詩人バイロンは大なる天才であったが三八歳を以てこの世を去った、或人この事を評して彼はその発見せる真理のあまりに大なるため倒れたのである、と言うた、余は自ら真理を発見したためではないが、ヨブ記一九章までに含まるゝ真理の余りに大なるに接して病を得たのである」と。内村のヨブ記の講解の最大特色はこれを心霊の深き実験の書として解したことである。

羅《ロ》馬《マ》書講演

この講演は大正一〇年一月より同一一年一〇月までのほとんど二年間、六〇回にわたって毎日曜日午後、春と夏の休みを除いて連続的に行なわれた。ロマ書は新約聖書の信仰の中心であり、内村はキリスト教史上最も深くロマ書を解した人の一人といえる。それゆえ毎回六〇〇人から七〇〇人余の参会者があり、かれの説くところに全身耳を傾ける白熱的な集会が実現したのも当然であった。東京市内からばかりでなく、遠くは栃木県氏家《うじいえ》から、また名古屋からは土曜日会社の仕事をすませ、夜行列車で上京し、この会に出席する者もあった。「講演が最高潮に達した時には、床に落ちる一本のピンの音も聞きとれるほど」の厳粛さが堂を満たした（山本泰次郎『内村鑑三』）。

ロマ書七章一五節以下でパウロは自身の二重人格を説き「わが欲する所の善は之をなさず、反《かえ》つて欲せぬ所の悪は之をなすなり」と苦悶の声を発し、ついに「噫《ああ》われ悩める人なるかな、この死の体より我を救はん者は誰ぞ」と呻《うめ》く。人はキリストによってこの二重人格の苦悶から解放される！　この新約聖書の箇所を大正一〇年一二月一一日のよく晴れわたった美わしい日曜の朝、内村は自己の全人格的体験を通して講義をした。かれはその日の日記に書いた、「……『是れ我主イエスキリストなるが故に神に感謝す』、然り、然りである。この事を述ぶるは最大の歓喜である、これこそ真の福音である、聴衆も感に打たれたりと見え、一時は水を打ちたるがごとき静粛であった、啜泣《すすりなき》の声は所々に聞こえた、会衆一同十字架の有難さを感じた、全堂が福音的気分に満ちた」。

この講演は畔上賢造（一八八四〜一九三八）が筆記しそれにかれ自身の研究をも加味し、内村がさらに修正して一書とし大正一三年九月に出版された。かれはロマ書をことのほか愛読した。その講義の回数も二〇数度にわたっており、特にかれの伝道の油の乗り切った五〇歳台に多いことは注目してよい。

聖書解釈の特徴

羅馬書の研究を通じて、内村の聖書解釈の特徴をあげて見よう。第一に、何よりも生活の実験を通して聖書の使信を体得する。聖書のことばを神学的に講究するのではない。「愛敵の教」と題する項目（一二章一九―二一節の研究）では、ただちに「実行して初めて値あり又実験して初めてその真なるを知り得るものである。敵に会しては愛を以てするが最上の道であること、人生の実験に照して明かである」（傍点筆者）と言う。「信仰は実験」であるとはわれわれが見てきたようにかれが早くから唱道したところであった。しかしそれはもちろん自然科学的な意味での実験そのままではあり得ない。主体的な「道徳的実験」をいい、それを通して信仰を把握するのである（土肥昭夫「内村鑑三」）。もとより聖書は実験をはるかに越えた神のことばであるが、われわれには、全人格的に聖書に聴き、それに生きることが求められている。この意味での実験を内村は言う。実際的な方法の一としては聖句の暗誦を勧《すす》めている（「羅馬書の研究」第三七講をみよ）。聖書のことばを脳裏にきざみこむことによって、実人生のさなかに、人は決断の方向を神の言葉によって決定される。これは実験である。このやり方は柏木時代（前期）よりすでに採用されていた。

第二にきわめて冷静に学問的に聖書に対する。多くの学者の意見を自由にくみとるのである。例をあげると聖書注解の方法として歴史学的・文法的・語学的な実証的研究に立つドイツの学者マイヤー（Meyer, H.A.W, 1800～1873）を多く参照しつつ、同時に近世批評学の自由主義に対し、批判的態度を堅持したスイスの神学者ゴーデー（Godet, Dr, F, 1812～1900）をも用いている。また、霊的洞察のするどいベンゲル（Bengel, J. A, 1687～1752）についても学んだが、決してかれらが主張した聖書主義の亜流となったのではない。その他トールック（Tholuck, F. A. G., 1799～1877）のような伝統的保守的な学者の意見に徴したかと思えば、フォスタ（John Foster, 1770～1843）のような制度的・儀式的キリスト教と闘い道徳的・精神的キリスト教を唱道した人の注解書も読んでいる。その他ルター、カルヴァンを用いていることはもちろんである。内村自身書いているように「健全なる聖書研究」は「静かなる敬虔深き科学的研究を以てすべきである」とし、いわゆる信心的《デボーショナル》な書物を排した。

書斎における内村

第三に聖書の一句を解するのに他の聖書の句との関連で理解し、信仰を聖書全体から学ぼうとする態度をとっている。

第四に聖書講義の中で、現実の社会・政治の問題にするどい批判を行なっており、預言者的姿勢を貫いている。そしてそれと関連して、第五にひじょうに旧約聖書を重んじた。

イザヤ書講演

昭和二年という年はまことに陰鬱《いんうつ》な年であった。四月の台湾銀行の破産に象徴される経済恐慌の本格的開始、内村はその日記に「国家の大事件である。国民に信仰絶えて経済的信用が失せんとしている」と書いた。七月、芥川龍之介が服毒自殺を遂《と》げた。ちょうど日本に輸入された近代思想の、そして大正市民文化の挫折を象徴するようであった。内村はただちに日記にしるした、「有島の場合に於けると同様に、近代思想は人をして茲《ここ》に至らしめざれば止まない。神なし……近代人が死を急ぐは当然である。……近代思想はあたら人間を殺しつつある」。

マス＝コミュニケーションの異常な発達による通俗享楽主義が街々に氾濫《はんらん》した。経済的・社会的・思想的昏迷はおおうべくもない。政治は理想を失い正しい指導性を欠いた。

この夏、内村は神奈川県葉山で過した。かれはイザヤ書四九章から五三章まで読み進み、その中にキリストの苦難と歓喜を深く学び、感謝した。この後日記にあらわれたところをみても、幾度かイザヤ書に強い関心を示している。同年一〇月二日の日曜日より、再び市中に出て明治神宮外苑の日本青年館大講堂で公開の聖書講演を行なうことを決意し、一二月までイザヤ書を講じた。参会者数は毎回平均七〇〇名余。行くべき方向を見失い、滅亡に傾斜しだした日本に、内村はイザヤ書により、立ち帰って静かにし、神によりたのむことを力強く、しかも諄諄《じゅんじゅん》と説いたのである。

晩年における若干の諸事件

第四期と第五期とを結ぶ過渡的な時期に重要な事件が続出した。第一は関東大震災である。大正一二年九月一日土曜日午前一一時五八分、東京は一瞬にして崩壊した。死者九万一千、行方不明四万二千、被害家屋五二万七千戸、未曽有《みぞう》の災禍である。市中は流言飛語に満ち、朝鮮人は各所におそわれ虐殺されるという悲惨な事件が続発した。戒厳令が東京・神奈川地区に布《し》かれた。

軽井沢で夏を過していた内村は石原兵永とともに急遽《きょ》、危険を冒して帰京した。かれは九月四日、心血をそそいで福音をのべ伝えた「霊的戦闘のアリーナ(闘場)」であった衛生会講堂の焼跡に立った。「天使が剣《つるぎ》を提げて裁判《さばき》を全市の上に行うたやうに感」じ(九月五日の日記)、これからはイザヤ書四〇章以下の預言者とともに慰めと希望とを説こうと決心した。しかし復興の槌《つち》音のさなかに、内村はこの国の民が真実におのが罪を悔いて、神にすがる砕けた魂の響きを聞きとることができなかった。日本国民は以前にもまして「物質的強国」を作ろうとした。内村の預言者的洞察は今次の敗戦によって適中した。「彼等はさらに大なる天譴《てんけん》を蒙らなければ目を覚まさぬであろう。神よ日本を憐み給へと唯祈るのみである」(大正一二年一〇月四日日記)。この大震災を天譴《てんけん》とみて公言し警告したのは当時の日本の指導者の中では、内村と渋沢栄一のただ二人だけであった。ちなみに渋沢は、儒教の精神を根本として経済活動に従事した日本資本主義における唯一の指導的企業家である。

第二に米国の排日法案の通過に対する内村の態度である。すでに加州《カリフォルニア》議会は、明治四二年一月に、日本人排斥法案を通過させたが、これは大統領教書により、かろうじて撤回させられた。大正に入ってからは加州を先頭に各州において種々の法的制限を強化していった。大正一三年五月になって、ついに事実上日本人の移民を禁止する新移民法が米国議会を通過した。この法律は日本人排除という政治的意図から出たものである。米国の帝国主義的政治家の策動によるのであるが、このことは日本の支配階級・右翼を刺激した。日本の国民は一般に無関心で、ことの重要性を知らなかった。内村は植村正久などの教会の指導者たちとも提携し、日米両国の友好の立場から、激しくこの法律に反対した。右翼の人たちの超国家主義的反対とは異なる点に注意すべきである。内村にとって、アメリカは第二の故郷である。シーリーのアメリカ、ベルのアメリカである。「いちばん親しいと思っておる人間が背後から来て自分を刀で刺したというような感じだ」と内村は弟子の一人高木八尺《やさか》に語った（「独立」三号一九四八年）。

第三に大正一五年三月より山県五十雄《いそお》とともに The Japan Christian Intelligencer という英文月刊雑誌を発行したことである（ただし昭和二年三月号よりは内村の単独責任発行となる）。「其目的とする所は、日本人特有の基督教的信仰を世界に向つて唱導し、併せて日本人の最善を外国に紹介」することであった。発行部数は毎号七五〇部、英米人のみならず同胞にも多くの読者を持ち、その廃刊は惜しまれた（昭和三年二月終刊）。内村は米国留学の時代から、つとに西洋の世界に対し日本のよき紹介者としての役割を果たした。またかれ自身それを自分の使命の一つと感じていた。晩年の英文雑誌発行も一貫したかれのこの使命感のあらわれであったといえよう。

Ⅳ 人物・その周辺

内村の横顔（プロフィール）
――エピソードによる――

誤解人間

昭和文壇の鬼才太宰治は内村に関する次のようなエピソードをその随筆で引用している――かつて内村は信州沓掛《くつかけ》の温泉で、湯に入っている知人の子どもにいたずらのつもりでお湯をひっかけた。子どもは泣き出し、内村は悲しそうな顔をして「俺《おれ》のすることは皆こんなものだ、親切を仇にとられる」となげいた――というのである。自分の生涯と重ね合わせたのであろう、太宰は、ふかい共感をもってこのエピソードを読み「暫時、たまらなかった」と記している（「作家の像」）。内村鑑三は「誤解人間」である。かれはいたるところで誤解された。生前そうであったし、死後もまたそうである。かれの弟子の一人は内村について「蹴倒されたあとで拝み倒される」という名句を吐いた。一九四五年日本の敗戦によって急にもちあげられた内村は、またもや大いに蹴倒されつつある。内村からほんとうには学ぼうとせずに、あらかじめ偏見の眼鏡をかけて、かれの欠点を見付け出そうと躍起になっている「学者」や「評論家」がいる。かれの「無教会主義」についても誤解がたえない。かれはいまもなお誤解人間なのである。この章の目的は、そういう内村を弁護したり、誤解をといたりすることではない。またもちろん、かれの人間像を正しく、全面的に描き出そうとすることを望んでもいない。ただ、直接かれに接した人々の手記・談話をおもな材料として、この巨人にきわめて小さいスポットライトをあて、読者の内村理解を助けられれば、と願うだけである。まずかれの外見から述べてゆこう。

体格・風貌・健康　身長五尺七寸七分（一七五cm）体重一八貫百匁（約六八kg）。これは六二〜三歳ごろの数値である。明治三三年（内村四〇歳）の全国平均値一六〇・九cm（二〇歳男子、ただし学生）とくらべても、相当高いことがわかる（学生時代の仇名《あだな》は「長すね彦」を意味する「ロン」）。晩年の主治医は「長身偉躯《いく》、実に堂々として立派」と言う。元来は身体が弱かったというし、決して肥満型の巨大漢ではなかったが、当時としては並みはずれた体格というべきであり、強烈な内面性と相まって人を圧したらしい。北米在住の読者から毛糸のチョッキを贈られたが、それが小さなもので、到底着られず、大きなひざの上にそのチョッキをひろげて「俺をこんな小男のケチな奴と思っているのか、情《なさけ》ないな」と嘆息していたという。

アマスト時代の内村

風貌は若い時から目立ったらしい。農学校時代の上級生伊藤一隆《かずたか》も、内村は新入学の第二期生中、一人特異な容貌をもっていて一見、畏敬の念をおこさせた、と言う。アマスト大学在学中の写真をみても鋭く深い、尋常ならざる容貌の持ち主である。よく、ニーチェに似ている、

壮年時代の内村

と言われた。「信の内村鑑三と力のニーチェ」と題して両者を対照的に扱いつつ、しかも顔が似ているのを示すために扉に二人の容貌を並べている評伝が出ているくらいである。内村自身はニーチェを批判しているが、「日本人ばなれのした立派な顔」という評は当たっていよう。あるいはカーライル、あるいはシュワイツァーに似ているとも言われる。

内村の顔を多くの人は、こわい、と形容する。「あの怖《おそ》ろしい鋭い風貌」（岩波茂雄）「風貌は凡ではなかった。聴衆を圧迫するような偉力を放っていた。鼻高く眼底に威力のひそんでいるらしいところ…」（正宗白鳥）、「内村先生は……その円の中の一人として坐っていられたが、その鋭い感じの顔は……私にもすぐそれとわかった」（志賀直哉）。「眼光が炯《けい》々として、下半面が突起し、大きな口と、その上に盛りあがった髯《ひげ》がそれをなおも強調した顔、とにかく一度見たら忘れられない顔であり……あの顔で怒ったら、さぞかしもの凄《すご》く怖《こわ》いであろうと考えた」（野上弥生《やえ》子）。

写真ではよくわからないが、色は黒い方だった。声はよく通る声で、大手町時代の講演会は六〇〇人以上の人が入り、会場は音のひろがりかたがわるかったにもかかわらず（もちろんまだマイク設備はない）よく聞こえた。声の質は「やや高い」（品川力《つとむ》氏談）、「バスとテノールにわければバスとは言えない、テノールでしょう」(石原兵永氏談)。「透明な、押えなければ幾分かん高いのではないかと思う」声(野上弥生子)だった。

内村の死因は心臓病であるが、そのほか胃が弱く、また歯が悪かった。卒中体質とガン体質とにわければ、おそらくガン体質ではなかったかと思われる。六七歳正月の血圧一〇九、六九歳九〇〜一三〇。死後解剖の結果によると血管は「硬化少なく壮年のごとし」と。脳の重さが一四七〇グラムで平均より約一〇〇グラムも重かったことは有名である。「皮質外表」の観察によっても「たしかに偉人の脳に数うべし」と解剖所見は言う。

日常生活など

朝型・夜型にわけると、朝型だったようである。大体六時に起き、夜は一〇時に就寝。朝の便所はながく、頭休め用の本(山陽・孟子・英語の小冊子など)が置いてあった。生活態度は規則的で勤勉だったが、自由なところがあり、散歩をよくした。抜群の頭脳に加えて、きちんと勉強したので、学校時代の成績は伝説的な優秀さだったことはすでに述べた通りである(二〇ページ参照)。英語学校時代同クラスだった徳富蘇峰は、晩年まで、内村がかなり年上だと思っていた。「そうかね、一つ上かね、すこぶる俊才だったわけだね。……水晶のように透明な頭をもっていた。天は内村に一〇を与えたが私たちには四か五しかくれなかった」と回想する。

食物に関して特別な好ききらいはなかったが、どちらかといえば甘いもの、あぶらこいものが好きだった。札幌を訪れた内村に息子《むすこ》祐之医博がデパートで「ライスカレーとおしるこ二つ」と注文したら御満悦だったという。ところは好きでなかったらしい。
くせについて一つだけ記しておこう。ペンの持ち方が独得で、人さし指と中指との間に万年筆をはさみ、特長のある手つきでゴリゴリと紙にほりつけるようにして、ゆっくりゆっくり書いた。あれではペンもたまるまいと思うくらいだった、と。内村の生活態度の一端をうかがわせる。

真剣さ　前々項で内村の容貌の「こわさ」について述べたが、特にかれの顔がこわくみえたのは講義（演）の時である。かれは聖書講義には全力を傾注した。そのために一〇年はいのちをちぢめたと言われる。

かれの講義は当時の「世俗的雄弁家」のそれではなかった（正宗白鳥）。教会の説教調とは異質で、むしろ学術講演的だった（渡辺善太）。しかし「内村さんほど、内容の充実している演説を聞いたことはない。一度聞けば忘れられない印象を残す」（武者小路実篤）。その真理伝達の偉力はものすごいものだったらしい。かれが聖書を講ずるとき、聴衆はまったく時間を忘れ、キリストの福音のリアリティーに触れた。「左右に多くの人のいるのを忘れて自分一人できいているように感じた」（政池仁）。「もう、ああいうかたは、出ませんね」とすら、当時の講義に接した人はしみじみと言う。この、いわば出来事としての性格をおびた独特の聖書講義は、かれに真剣な集中と内面の闘いを要求した。講壇に立とうとするかれの顔が「実にこわかった」のも当然である。ところが、かれが福音を語るとき、ことにかれのいのちよりもたいせつにした罪のゆるしの福音を語るとき、かれの顔は実にやさしく、うれしそうになった。「語ることが楽しくてたまらないように」見えた。キリストの福音を語ることは、かれにとってかけがえのないよろこびだったのである。

死の前年、あまり無理をしないようにと内村に忠告した人は「ありがとう。しかしね、あのうれしいよろこばしい、よき音ずれは、説かずにはいられないからねー《ママ》」と杖を力にきっとなった内村の姿が忘れられぬと言う。かれは決してこわさ・きびしさを売り物にした「鬼面人を驚かす」はったり的人物ではなかった。かれがかかわっている事柄の重大さが、かれを真剣に、激烈にしたのである。

かれの《高弟》と目され、少数の人にではあったが深い影響を残した藤井武も、内村のそのような真剣さにふれた一人である。藤井はイエスの十字架に関して、誤った主張を発表したことがある。かれは、そのことで内村の所に呼ばれ、内村と論弁しあった。その夜のことを、藤井は次のように回顧している。

内村に呼ばれて書斎に入ってゆくと、すでに「熱気が先生の顔に漲《みなぎ》っていた」。いくら陳弁してみても「先生は断じてゆるされなかった」。「先生の足許《もと》にあった火鉢の火が、いつの間にか先生の着物に燃え移ってぷすぷすと煙をあげていた」。「けれども先生はそれにさえ気付かれませんでした」と。イエスの十字架をどう理解するかなどということで、何をそんなに夢中になることがあるのか、と思う読者も多いであろう。藤井自身、どうしてそんなにまで内村が激するのか不思議に思った、と告白している。しかし「今にして思えば、少しも不思議はなかったのであります。先生の一番大事なものに私は触ったのであります。(先生は)何をゆるしてもこれだけはゆるすことができなかったのであります」と藤井が——内村の葬儀の時に——述べたように、内村にとってイエスの十字架は、おそらく宇宙よりも重い事実だったのである。だからこそ、それをまげて宣《の》べ伝えようとした藤井——尊敬さえしていた愛弟子——に対して、岩波茂雄の言う「臆病と思われるほど弱く、一片の花片を手にしても涙ぐむほど優しい人」だった内村が、このように熱中し、全力をあげてぶつかって行ったのである。

　このような周囲との≪衝突≫は何回も起こった。それぞれの人間が自己の存在と行為とをもって真理に忠実ならんことを求めた内村は、たびたび「君、それでは、わかれよう」と宣言した。にもかかわらず破局にまでいたらなかった多くの場合があるとすれば、愛の矛盾に悩む内村のこまやかな心を、そこに見ないわけにはゆかない。信じがたいこととして弟子の一人が書いている——

　「〇〇連中に退会してもらおうと思うがどうか、と聞かれるので、お考えどおりされたらいいでしょうと申上げて次の日曜日に行ってみると、『おれにはやっぱりできない』と寂しそうに言われたこともあった。またある愛弟子を破門することになって手紙を書かれたが、机の上に置いたまま煩悶して一週間も出されなかったので、藤井君が見かねてポストに入れてあげたこともある」(!)。藤井と同様に、内村と親しかった塚本虎二の記すところである。

冷静さ

　前項では内村の真剣さ、激しさにふれた。しかしかれは宗教的熱狂者ではなかった。きわめてさめた、冷静な眼と頭脳とを持っていた。非陶酔的なのである。内村には本質的に頽廃現象がない。

足尾鉱毒事件の被告として検挙され、出獄後内村に師事した青年永島与八《よはち》の手記を引用しよう、「鉱毒被害地の真只中《まっただなか》に立って、先生は私に向かってこういう事を申された『鉱毒事件はどうして起こったと思うか。どうすれば解決すると思うか』と。私は先生のお問いに対してただちに左のごとく答えた、『それは毒のある骸《むくろ》に腫物《はれもの》ができるように、日本国民の精神が腐敗した現われとして、いわば日本国に腫物ができたのであると思います。しかしてこれが根本的解決は日本国民の精神が、キリスト教に由って浄化されなければ不可能かと思います』と。この答えに対して先生はニヤリと笑って『信仰的に考えればそう言うことにも考えられる』とおっしゃった――」。この時の内村のことばも、ニヤリも、その意味をはっきりつきとめることはむずかしい。しかしそこには冷静な、いささかいたずらっぽい、さめた眼がのぞいているのが感ぜられる。こういう資質を何と呼んだらよいのであろう。

内村は冷静である。事実に即して見、かつ考え、狂信とはおよそ縁遠い。花巻在住の忠実な弟子、斎藤宗次郎が病気をおして伝道に努力していることを知ったとき内村は手紙を送った。

「小生はかく貴兄に申し上げたく候。貴兄目下の最大義務は、貴兄の肉体を健全ならしむるにあり。このことを怠るは貴兄に取り大なる罪悪なり。神は今は貴兄より伝道を求め給わず、健全なる肉体を求め給う。貴兄はこのことを解するや否や」。

いかにも健全な、まっとう過ぎると言ってよいくらいの手紙である。だがこの手紙を今まで見てきたような内村の真剣さ、激しさを背景に読むと、ここにある健全さが古典的な性格を帯びているのがわかる。内村に単なる熱狂、偏執をみ、あるいはもっぱら分裂を見る見方はまったく誤っている。

後年上京し、内村の身近に師事するようになったこの斎藤に「何もかも信仰信仰で行くと偽善的になる心配がある」とも語っている。冷静で非陶酔的、「健全な」内村は宗教的偏《かたよ》りや偽善に対して敏感なのである。

「不思議なことに（内村は）いわゆる伝道に熱心でなかった。ある大学生が暑中休暇に伝道旅行をして報告すると、頭からどなりつけられたことがあった」と塚本虎二は記す。

唐突のようだが矢内原忠雄（のちに東大総長）の著書「基督者の信仰」に寄せた内村の序文を引用してこの項を終わろう。

「即ち君は近代人の所謂《いわゆる》俊才の一人であって通則に従えば一度びは基督教を信じて早くすでにこれを捨てるべき人である。しかるに君は未だ基督教を捨てずまた捨つるの傾向を示さず……」。内村の眼は甘い希望的観測にくらまされない。人心の帰趨《きすう》を見通して頼むに足りぬ者への批判が、そのまま時代への痛烈な批判となっている。しかもその批判は、ただちに若き矢内原へのあたたかい奨励となり、いきいきとしたユーモアをたたえている。生きた信仰を持ち、さめた眼で現実をありのままに見る内村の語るところ生きるところ、人生はおのずからユーモアを漂わせてくるのである。

すじを通す

「すじを通す」といういささか卑俗な見出しのもとに、どのようなことをとりあげるのか、はじめに多少の説明が必要であろう。

われわれはすでに内村の（特に信仰における）真剣さ、激しさを見てきた。またかれの冷静さ、熱狂的でない、という点を見てきた。しかしそれはかれが激しい宗教的信念（信仰）を別の原理、常識・日常道徳などで適当に制限し修正した、ということではない。内村は生涯にわたって、ただしさ（義）が要求されているということを人間の根本規定だ、とした人である。かれにとって人生の中心問題は正しさ（つきつめれば「神の前での正しさ」）ということであった。そのためにはかれはしばしば日本的人情を踏みにじらざるを得なかった。かれの行動は時に常識・日常道徳をこえているかにみえる。そういう「ただしさ」の問題を、「すじを通す」と言い換えた方がよいような日常的脈絡の中でみてゆこうというのである。

まず内村の晩年と深いかかわりを持った弟子塚本虎二の思い出を引用しよう。

「数年前のことであった。先生はある悲境にある伝道者にすっかり同情して、何もかもうち忘れて、かれのために何か出版の仕事を考えてやられた。すでに大体の計画ができ、書店との出版の話も済んだ。丁度その日の午後に、私はその伝道者が自分の雑誌で福音主義を罵倒《ばとう》して、『蝦鯛《えびたい》主義』であると言うたのを読んで、驚いて先生にこれを示した。すると先生は大きな声でこれを読み終るや否や、『道同じからざれば共に語らず』といいながら、じきにペンを取って、その人と書店とに、いま成立したばかりの約束を破棄する旨のハガキを書かれた。こんなことが多くの人に先生を誤解せしめたのであろう」。

内村の面目躍如たる話である。だがかれのこういう《すじの通し方》は決してヘリクツをたてにとって外面的につっぱねようとしているのではない。農学校時代の教会堂建設にまつわるエピソードがすでに示しているように、内村は、すなおなヒューマンな目で見、考えれば、なるほどと納得のゆく《すじの通し方》をする人である。ここでは内村の所に聖書講義の聴講を申し込みに行った人の思い出を紹介しよう（ちなみに、当時の内村は講義聴講者の数をごく少数に制限していた。それだからかえって人が集まるのだ、と言われて「ウン、それならやってみろ」と答えた――そんな話があるくらいである）。

「始めて先生にお目にかかったのは大正四年夏、ある柏木聖書研究会の先輩の紹介状を持って、聖書講義の聴講を願いに伺った時である。ちょうど昼食中であったとみえて、先生は片手に紹介状を開き口を動かしながら、玄関まで出てこられた。『鷲《わし》のような』というのがその時の感じであった。しかし先生は大変ていねいに即時許可のできない理を説明された。なるほど玄関には『聖書之研究購読一か年未満の者は聴講を許さない』旨の貼紙《はりがみ》がしてあった。『だから君、いま僕は自分でその規則を作ったばかりなのだから、またすぐそれを自分で破ることはできないじゃないか……もう一年待ち給え。ね、君、解ったか』というようなことを言われたと記憶する。

私ら（田舎から出たての大学生二人であった）は玄関に立ち、先生は式台の上に立っておられる。私らは首を垂れてきいている。目の前に先生の足がある。大きな足であった。その足に説諭されているようであった……その時、私らは少しも不愉快な感じを起こさなかった。失望もしなかった。先生の言われることがもっともだと思った。永遠の生命に関する教を聞くためである。一年くらいの準備は当然すべきである。これは先生がもったいをつけておられるのでも何でもない。その教がいかに価高きものであるか、先生がいかなる敬虔をもってこれを説いておられるかを如実に示すものであると思った……」(植木良佐《りょうすけ》)。

内村の飾らぬ態度、子どものように単純で、しかも行き届いた≪すじの通し方≫が適確にとらえられている。

しかし内村の≪すじの通し方≫は、時に日本人的人情の枠《わく》をこえる。内村がしばしば人と分離したことは有名であるが、かれのもとを去り、かれを悪罵しつづける人との関係について、かれは次のように宣言する。

「小生に対し反対の態度を取らるる人と御交際をつづけらるる方々は、自今小生に対し御交際御遠慮下さい。なおまたかかる方に対しては小生よりも御交際御遠慮申上げますから悪しからず御承知下さい。これ紳士たる者の取るべき普通の道であると存じます。またかくするは交誼《こうぎ》を純潔にするために必要であります」。

この宣言は尊大な暴君の一方的・恣意《しい》的な宣言ではない。かれのもとを離れるのが悪いのではない。事柄をはっきりさせて別れる方がよい場合がある。

「今度倉橋惣三《そうぞう》君は自己の意見を表白して去った。遺憾《いかん》であるが仕方はない。曖昧《あいまい》の態度でいるものとはちがい男らしい」。

「自由は余の最初よりの主張である。故に自分を去るも自由、去る者に同情を寄するも自由である。その点において自分は常に公然自分に反対する者を尊敬する。ただし持って欲しきは紳士の態度である。二人相争う時に弱者に同情するは日本人の特性である。故に先生と弟子と相争う時に弟子に同情するは日本人として当然である。しかしながら正邪は強弱をもって決することはできない……」。

問題は日本的人情の問題ではなく、正しいかどうかの問題である。「反対する者」に賛意を表してもかまわないが、態度は、はっきりさせなければならない。そこで、このような事件に関して態度不明だった塚本虎二――晩年の愛弟子――が次のような手紙を受けとることになる。

「敬愛する塚本虎二君

拝啓、先般申上げた君の小生に対する態度を一日も早く定めて下さい。……今やもはや議論する時ではありません。白黒の投票を投ずれば宜《よろ》しいのであります。去るか、止るか小生に与《くみ》するか、小生に対し弟子たるの道を破りし以上両君と交際を継《つづ》くるか、それで定まるのであります。離れたと言いてもちろん敵対行為を取ると言うのではありません。ただ師弟の交際だけは廃めようと言うのであります。甚《はなは》だ御迷惑ながら御速断を願います」。

こんなにずばずばと率直な手紙を書ける人も少ないであろうが、われわれは特に、この手紙が晩年の、ほぼ最愛の弟子と目されていた人にあてられたものだ、ということを思い合わせるべきである。つまりこの手紙は人生の深渕すれすれの所で——最愛の弟子との決裂を賭して——書かれているのである。

実際、内村の《すじの通し方》には何か深淵《えん》をのぞき見る思いのする場合があった。塚本虎二は次のようなエピソードを伝えている。

ある青年が内村・塚本と雑談していたときにごく軽い気持ちで「うちの父は私が先生（内村）や塚本先生にだまされていると言いました」と述べたことがある。戦前の、キリスト教を信ずることがさまざまの不利益をもたらした時代に、内村に傾倒した青年にとってみれば、このように言えたことはむしろ誇りであったろう。キリスト教を信ずれば女性にとっては結婚の道がせばめられた時代である。「先生たちにだまされていると父から言われました」とは、青年の熱心さの表現だったに違いない。ところが内村はこのことばを聞くと急に塚本の方を向いて「ねえ塚本君、私たちはだましたことはないね」と言って、その場で青年を除名した。「こんな時の先生は恐《こわ》かった」と塚本は記す。ダンテが晩年に住んだ町ラベンナの女たちは、通りをゆくダンテの相貌を見て、地獄の火に会った人だ、と恐れつつ叫んだというが、われわれもここに、生涯を深淵に接しながら生きた人の面影を見るのであろうか。

意外な側面(1)

われわれは内村の横顔をあまりに厳《きび》しいものとして描きすぎたようである。正宗白鳥は、はじめて身近に見た内村の印象を「意外にも、内村は快活で話し好きであった」と記している。じかに内村と接して、想像していたのとはまったくちがった、明るくユーモアに富む、人間味あふれ

御殿場における内村鑑三
（大正6年8月=57歳）

た人柄を見出して《意外》に思ったのは白鳥一人ではなかった。最晩年の内村に親しく師事した石原兵永氏も「先生の話には実にユーモアがあった。駄じゃれでない、人生の真実にふれたユーモアがあった」と述懐される。また、「先生はこわいと思われていらしたけれど、私たちなど怒っても仕方なかったからでしょう、やさしくて、伺うと笑いが絶えませんでしたよ。あんまり笑うので奥様まで出ていらっしゃるくらいでした」――かつての「津田塾の女史連」として出入りしていた石川志づ氏の思い出である。実際内村はよく笑ったらしい。花巻から出てきた純朴な青年斎藤宗次郎氏は「一言話して笑い、また一語しては笑う四隣に響く哄笑《こうしょう》」の中に旧交を暖める内村・宮部に眼を丸くしている。「信仰の浅い田舎青年である私は……一時間も二時間も続く、両先生の爽快なる談笑を耳にして驚きかつあやしみ、こんな世界が世にもあるのかと不思議に思った」と。しかつめらしく深刻な宗教家を予想して来た人が「快活で話し好き」な内村、ユーモアを愛し「横隔膜下の笑い」と称する堂々たる笑いを笑った自由人内村に接したとき、《意外》に思ったのは当然かもしれない。

「聖書之研究」発刊ごろ（一〇〇ページ参照）の内村の姿を浅野猶三郎は次のように描いている。

「やがて先生の感話終わって茶話会となり、各自の前に餅菓子水菓子など、うず高くもられたが、当時私は克己制欲をもってキリスト教の本領と信じ一切の間食を廃していたので、これには少なからず迷惑を覚えた。さてこの場合先生はどうなさるかと竊《ひそ》かにその御様子をうかがえば、驚くまいことか、大あぐらをかいて、いかにもうまそうに、そばからどしどし平らげておられるではないか、謹厳そのものであるべき宗教道徳の先生がこれはまたどうしたことであろうか。そればかりではない、さながら子供のごとく無邪気に笑いつづけながら、いかにも面白そうに蜜柑を手玉に取っておられるとは、あまりと言えば意外な光景に私は暫し茫然としていたが、やがて夢からさめたように豁《かつ》然として自己の非を悟り俄かに従来の禁を廃して自分もまけずに目の前の菓子を平げた……」。

意外な側面(2)

作家島木健作は内村を「誠に剛毅《ごうき》な威力のある人」「古武士の風がある」「どんなことがあってもたじろがぬ信念の人の威力と美しさとにみちていた」と形容する。それはまた多くの人のいだいた印象であろう。そういう「剛毅・古武士的な」内村像とはまったく異なるかれの姿を述べておこう。内村は非常な名講演をするので有名だったにもかかわらず、公開の講演会の前日など心細くなるらしく、庭をあるきながら地面を踏みしめ踏みしめて「大丈夫だ、何も恐いことはない」と大声で独り言を言っていた。高弟畔上賢造はこれをきいて「先生は自らを励ましている」といったという。岩波茂雄の言うように「臆病と思われるほど弱い」一面を持った人間だったらしい。

不敬事件以来暴漢に石を投げこまれることがしばしばだったから窓には金網《かなあみ》がはってあったが、あまりその心配もなくなった晩年まで取りさらずにそのままにしてあったというし、家の戸締りの厳重さは、ちょっと類がないくらいだった。関東大震災の時には軽井沢にいたが、素足のまま芝生に飛び出し震えながら立っていたという。東洋風の豪傑、といった人柄ではなかったように思える。しかし、東京全滅の報が達し東京の火が望見されたとき、いっしょにいた石原兵永に「さあ、君、東京へ帰って皆と一緒に死のう」と言い切って、続々と避難してくる人々に逆行して混乱の東京へ帰った。内村の勇気は生来の豪胆さ、とは別の所からきていたのである。

最後にもう一つ《意外》なこととして記しておきたいことがある。それは、内村の身近に接した人々が、ほぼ異口同音に強調すること――かれが深く・こまやかな愛の人だったということである。筆者は、長年にわたって内村の弟子であった斎藤宗次郎翁に、内村先生はこわかったでしょうね、とたずねたことがある。言下に「こわいと思ったことは一ペンもなかったです」との予想外の答を得、すぐ続けて「先生がどんなに深い愛の人かということを知っていたから」とつけ加えられて、軽率な質問態度を恥じた。

翁は内村鑑三の姿をできるだけ詳しく正確に伝えようとして、九〇歳を過ぎるいまもなお、原稿用紙三万七千枚を突破する記録を書き続けておられる。筆者はその姿から稀有《けう》の《めぐりあい》の圧力を感ずるとともに、この老人の心に刻みつけられた内村の愛が、いかに熱かったかを直感しないわけにはゆかなかった。内村をきびしく、おそろしい人間とだけ受けとり、愛なきパリサイの徒とするくらい誤った見方はない。しかしここで内村の愛の深さの例証を並べたてるのはやめよう。かれの心のやわらかさ、そのひらかれた心情、を物語る挿話を一つだけしるしておくことにする。

内村家に高橋ツサ子という少女が働いていたことがある。複雑な家庭の事情から家を出て上京し、内村家に身を寄せていたのである。のちに彼女は郷里に帰り病を得て死んだ。病死の知らせを受けた内村はちょうど娘ルツ子の病が重かったにもかかわらずツサ子の葬儀に列席するためただちに花巻に向かった。葬儀の席上告別の辞を述べようとした内村は立つには立ったが流れる涙を抑えきれず嗚咽《おえつ》しはじめ、言葉を発することができないまま数分間立ちつくし、四辺寂たるうちに内村の嗚咽《おえつ》と会衆の泣き声のみがきこえた、という。

東大総長と人力車夫

内村をとりまく多彩な人間群像の中から最後に二人の人物に登場してもらってこの章を終えよう。一人は「日本における科学としての政治学の創始者」であり、昭和初期の東京帝国大学総長として大学自治のため健闘した小野塚喜平次《おのづかきへいじ》である。最晩年の内村は小野塚と交渉があった。小野塚夫人が内村の聖書講義に出席していた関係もあり、ある夏、内村夫妻が軽井沢の小野塚を訪問したことがある。合理主義者たる小野塚にとってはキリスト教も邪教の一つに過ぎなかったらしい。宗教の話が出たときに「小野塚があまりに無邪気に自分の例の宗教観を語るのを聴いていた内村は静かに問うた。『では、あなたが西洋政治思想史を教える場合、中世はどう扱われるのですか』と。これには小野塚もいささか困惑して、こんどは自分の方から質問した。『それでは歴史上およそ偉大の人物とはどんな人間と

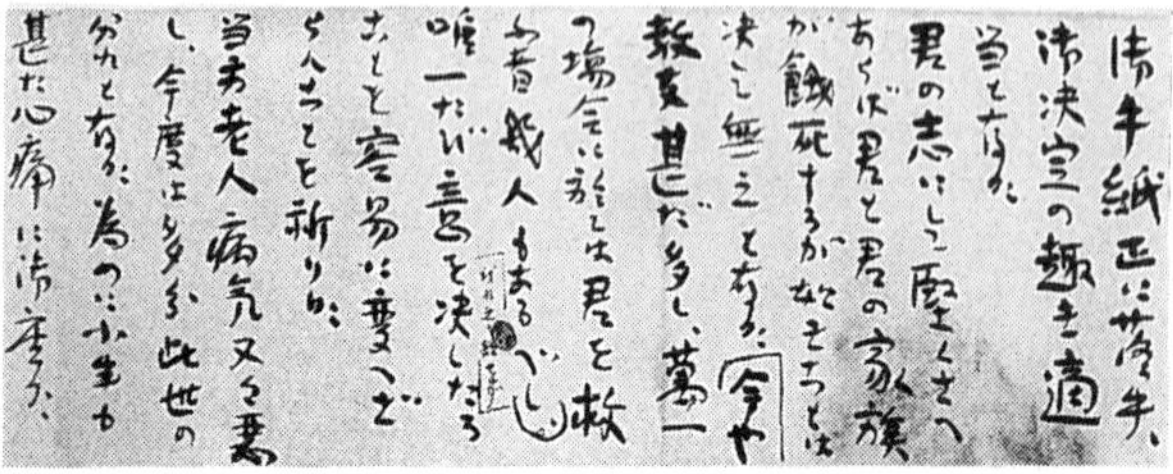

御手紙正に落手、
御決定の趣き適
当と存候
君の志けしこ堅くさへ
あらば君と君の家族
が餓死するがごときことは
決して無之と存候、今や
教友甚だ多し、萬一
の場合には君を救
ふ者幾人もあるべし
唯一ただ意を決したら
おもと容易に変へざ
らんことを祈り候
当方老人病気又々悪
し、今度は多分此世の
分れとなるべき為めに小生も
甚だ心痛に御座候、

あるべし”との箇所に音吉は“我れ之を欲せず”と書き入れている。）

お考えですか』と。内村はしばらく考えてから英語で言った。“The humblest is the greatest”（最も謙虚な人間が最も偉大な人間である）」。これは小野塚にとっては、およそ人間と世界に対する一種の価値転換の声であったであろう、と「小野塚喜平次――人と業績――」の著者は言う。挿話はなお続く。「帰るとき、小野塚夫妻は内村夫妻を見送って、軽井沢駅まで一緒に歩いた。内村が小野塚から貰ったみやげの包みを自分で提げているのに気づいた小野塚は自分の手に持とうとした。内村が辞退すると、小野塚は笑って“The humblest is the greatest”を繰り返した」という。

もう一人の登場人物は「東京帝国大学総長」小野塚とはまったく対照的な、人力車夫、藤沢音吉《おときち》である。この愉快な人物と内村の交渉は、その出会いから終わりにいたるまで、全体が一つのエピソードとも言うべきものである。

藤沢は長野県で人力車夫をしていた。明治三一※年、内村の文章を読んで感動し、車を引いて雪の中を徒歩で上京して、内村を訪ねた。内村に面会したかれは、先生は将来総理大臣になる方である、そのとき自分は外務大臣になって活

（※）音吉自身の手記では三二年となっているが、これは記憶ちがいで三一年が正しいと思われる（政池仁先生の御教示による）。

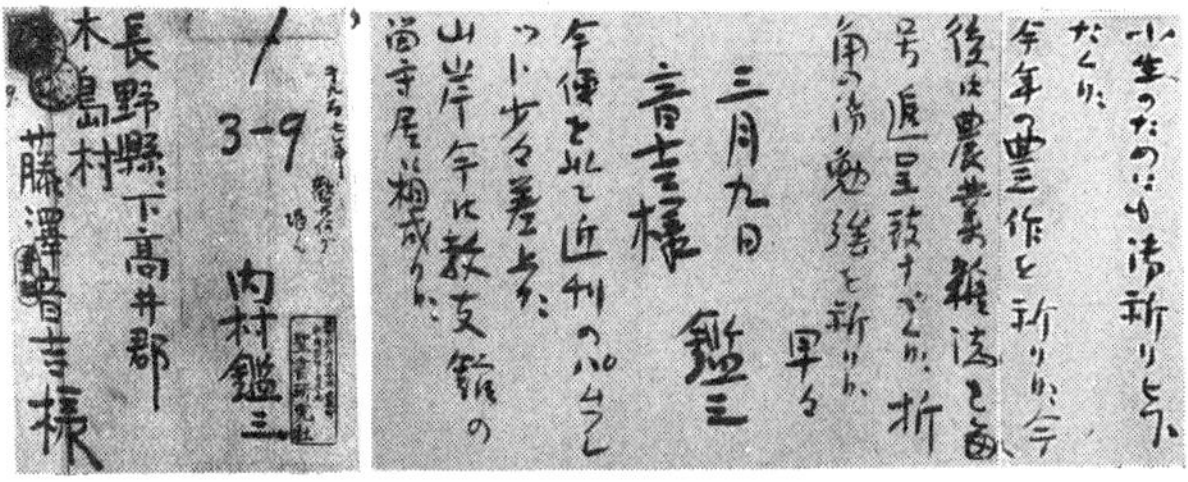

藤沢音吉あての手紙（"万一の場合に於ては君を救ふ者、幾人も

躍するから入門させてくれと頼んだ。「先生は笑いもせず、もちろん感心もされずただかくかくの条件で置いてやるから明日から車を曳《ひ》いて家へ来いと約束ができ」、毎朝自分のボロ車に内村をのせて、万朝報社まで通うことになった。ところが内村が基督者であることを知って、びっくりし、内村の所を飛び出そうとしたが「一《ひと》まず留《とど》まつてヤソを信ずるごとく見せかけ、信者らの内情を探つてから退治するに如《し》かずと考え」る。いろいろいきさつはあったが、内村の愛に感じ「おまい（ママ）も俺も兄弟だ」という内村のことばに「電気に撃たれたように」なって基督者として内村の死ぬまで仕えることになった。二人の間柄は、内村自身も言うように、どことなくドン＝キホーテとサンチョの関係を思いおこさせるものがある。音吉の思い出をしるそう。

「僕は毎日朝早く起きて先生の御休みの中に先生の書斎を初め玄関邸内など清掃しては懸命に勉強して居ました。スルとある朝先生は書斎に御出になって例の癇《かん》走った御声で『音吉ッ』とお呼びになった。僕はすぐ様行くと先生は開き直って『お前は勉強するのは良いが掃除をモット良くしないといけない』と厳命された。僕は毎朝未明から一生懸命に掃除をするのに御存じなくての立腹と覚り、僕はスッカリ激昂して仕舞《しま》って『私はこれ以上に掃除は出来ません。

ドコに塵《ちり》がありますか』と反問しました。スルト先生は『ドコッてモット丁寧《ていねい》にしなくてはいかない』と激語された。僕は一層憤激して箒《ほうき》とハタキを持って来て書斎を再びバタバタ掃除し初めた。スルト先生は『ソンな事をしてはいかない』と怒号された。当時は丁度今日の五・一五事件の壮者の如くに元気で剛情一点張の車夫であった僕はスッかりカーとなって乱暴言いやがるな、掃除がきれいに済んだのを見もせずにまだヤレ『しないの』ヤレ『モット良くしろ』のと言い、仕方がないからモ一度始めれば『するな』と言う、全く駄々ッ児のようだ、体罰を以て教育するに如かずといきまいて、イキナリ棕櫚箒《しゅろぼうき》をふり上げて打ってかからんとしたら、さすがの先生も無抵抗でそうそうに階下へと降《お》りて仕舞《しま》われた。ソレから三四日間は先生も僕も無言で過しましたが、遂に先生から寛容にも話しかけられました……己れあるを知りて神あるを知らぬ僕も遂に平和に復しましたが、しかもなお半《なか》ば脅迫的に先生に『私は嘗《かっ》てこれまで数十人を相手どって喧嘩をし、小作争議を起して首領株となって見事に勝ち、その後同盟罷工《ひこう》を起した時も議論でも腕力でも一回も負けたことがありません』と威張りましたら、先生は言下に『馬鹿、お前は気違いだから人が相手にせないで避けるのだ、お前が勝ったと思うのが間違いだ』と哄笑されました――」。

内村と文学者たち

――有島武郎・小山内薫・正宗白鳥等――

惜みなく愛は奪ふ――有島武郎《ありしまたけお》(一八七七～一九二三)――

浄月庵

「現代文壇の一明星有島武郎氏愛人たる若い女性と心中」とは、一九二三年(大正一二年)七月八日の新聞がいっせいに報道した一大ニュースなのである。軽井沢三笠《みかさ》の別荘浄月庵で、死後発見された遺書を書き、波多野《はたの》秋子と二人縊《い》死を遂げたのは六月九日の深夜である。有島家は極秘裡《り》に行くえを捜していたが、どうしても所在をつきとめることができず、むなしく一月がたっていた。七月七日の朝、別荘番の爺《じい》やが掃除に行って発見し、はじめて大騒ぎとなった。「ぼくたちの死骸は腐爛《ふらん》して発見されるであろう」と書いてあったとおりとなった。有島四六歳、秋子二七歳。秋子は「婦人公論」の記者で、美貌の才女として文壇人に知られ、夫があった。

この事件は、有島の名声が最も揚がっていた時だけに、死とその前後は当時の新聞に詳しく報道され、世論は沸《わ》き、甲論乙駁《ばく》盛んに論じられたが、一般にいって世間は有島に同情する方に傾いていた。芸術に殉じたのであると評する者、情死を迫った秋子を責める者などさまざまであった。

秋子が有島に接近したのは、「宣言一つ」（大正一一年）を発表、麴町の大邸宅を抜け出し、北海道狩《かり》太《ぶと》の広大な農場を解放して、世間に異常な衝動を与えたころである。

有島は、今までの個人主義的な立場からさらに社会主義的実践に移ったのだが、生まれながらの境遇と階級とは財産の放棄ぐらいでは、何ともならず、矛盾と行き詰まりはかれを虚無的にしていた。「崩《くず》れるものは思うまま崩れさせて見る。そのあとに何が残るものか」と、死ぬ年の二月二五日親しい友人叢文閣主足《あ》助《すけ》素《そ》一《いち》に書いている。

本能的生活

有島の講演会はいつも満員であった。「イプセンやホイットマンやミレーについて熱烈な言葉を投げかけるとき、聴衆は『反逆者』をもって理想人となし、個性に根ざす解放運動こそ人生に真の意義を与えるものだと信じこんだものである」（山谷《やまや》省吾《せいご》）。

「惜《お》しみなく愛は奪ふ」は、大正九年かれが四二歳のとき完成。この作の内容については強い自信と深い愛着とを持ち、後同じ題目で何回か講演したほどである。札幌時代の熱烈な信仰を棄て、それに代わるものとして築きあげた人生観・世界観であって、かれの思想の集大成というべきものである。

「私の唯一の所有よ。……涙にまで私は自身を痛感する」。この「私自身を何物にも代え難く愛することから始めねばならぬ」。これが長い旅路の後に到達された目標であり、新たなる出発点であった。この出発点の上に全生活を立て全生涯を託そうとしたのである。これは徹底的個人主義であり、徹底的人間中心主義でもあった。

「神を知ったと思っていた私は、神を知ったと思っていたことを知った。私の動乱はここから芽生えはじめた。」

「神の信仰とは強者のみがあずかり得る貴族の団欒《だんらん》だ。……私は単に埒《らち》外にいて貴族の物真似《ものまね》をしていたにすぎない」。

有島は一八九六年(明治二九年)一九歳の時、札幌農学校に入学し、母方の知人新渡戸稲造の家に寄寓した。信仰の友人森本厚吉《こうきち》を知り、新渡戸・内村によって信仰を植えつけられ、札幌独立教会員として忠実な教会生活を営んだ。一九〇三年(明治三六年)アメリカに留学、一九〇七年(明治四〇年・三〇歳)ヨーロッパをまわって帰朝、東北帝国大学農科大学(旧札幌農学校後身)に教師となる。寄宿舎の学生監となり、日曜学校の校長を勤め、学生有志と社会主義研究会を開き、洋行帰りの親切な教師として学生の人気を集めた。しかし有島の内面は混乱をきわめ、自己嫌悪のあまり自殺を企てさえした。

有島とその子ら

大正9年6月、東京にて。有島は、明治42年(1909)31歳の時、神尾安子(1889～1916)20歳と見合結婚。三児がある。その作『小さき者へ』参照。左から行三(三男)、行光(長男・森雅之)、敏行(次男)

かれのキリスト教は、聖書の要求する規範を実行しようと人一倍努力し、光輝ある人格となろうとの願いと堅く結びついていた。このようにして、その成長と発展を願うために「我」がついに最後の拠《よ》りどころとなり、神と称していたものは、畢竟《ひっきょう》するにごくかすかな私の影にすぎないものとなった。人間主義の立場にあって拝んでいた神は虚無に帰して、人間が、その個性が、神となったのである。「私が私になり切る一元の生活」、これがかれの長い間あこがれていた真の生活であった。個性の創造から創造へ、すべてを自己に取り入れ、自己の内容を飽満ならしめるための衝動の生活、生命の燃焼こそ、最も尊い生活である――「本能的生活」とはまさにこのようなものである。この自由純粋な本能の働き、この何者によっても遮断《しゃだん》されない意欲・意志の作用を愛と名付けたのである。

他を愛するとは他を自己の中に摂取することである。「摂取された他は本当はもう他ではない。本質的に言えば他を愛することにおいて己れを愛しているのだ」。「個性の生長と完成は奪うことによって成就する」。この惜しみなく奪う愛は使徒パウロの「惜しみなく与える愛」に対抗して主張されているのである。

内村の批判

内村は「背教者としての有島武郎氏」という題で万朝報に書いた。「私は有島君にキリスト教を伝えた者の一人である。彼は一時は誠実、熱心なるキリスト信者であった。私は彼の顔に天国の希望が輝いていた時を知っている。……彼も私も、同じ札幌農学校の卒業生であった上から、人も私も、彼が私の後を嗣《つ》いで、日本における独立のキリスト教を伝うる者と成るのではないかと思うほどであった」。「有島が不信者になったとはどうしても信ずることができなかった。……私は宮部理学博士の家で、われら二人ほとんど二時間、相対して、信仰の事について論じた。……『有島はもはや、われらのものにあらず』と諸友人に報告せざるを得なかった。……私は今日に至るまで、多数の背教の実例に接したが、有島君のそれは最も悲しきものであった」。

「有島君に大なる苦悶《くもん》があった。この苦悶があったらばこそ、彼は自殺したのである。そしてその苦悶は、一婦人の愛を得んと欲する苦悶ではなかった。これは哲学者の称する『宇宙の苦悶』であった。有島君の棄教の結果として、彼の心中深き所に大なる空虚ができた。彼はこの空虚を充《み》たすべく苦心した」。「彼は社会に名を揚げてますます孤独寂寥《せきりょう》の人となった。ゆえに彼は神に戦いを挑《いど》んだ。……自殺は、近来しばしば考えたことであろう」。「この婦人の愛に偽りなき光を認めた。棄教以来、初めて臨んだ光であった。まことに小なる光であったが、……彼にとっては、最も歓迎すべき光であった。……この光は逸すべからず、さればとてこの世においてこれをエンジョイするあたわず、ゆえに、自ら死に就いたのである。正直なる有島君としては、なしそうなことである。しかし彼は大いに誤ったのである」。

『人は自分のために生きず、また死せず』と有島君の捨てた聖書に書いてある。生命は自分一人のものであると思うは、大なるまちがいである。……背教は決して小事でない。神を、馬鹿にすれば、神に、馬鹿にせらる。……神にそむいて、国と家と友人にそむき、多くの人を迷わし、常倫破壊の罪を犯して死ぬべく余儀なくせられた。私は有島君の旧い友人の一人として、彼の最後の行為を怒らざるを得ない……」。これは「さすがに有島の悲劇の深い原因を衝《つ》いたものとして心を打つ」（「近代日本とキリスト教」）のみならず、全文を読み下すとき、内村の怒れる愛がそくそくとして迫り、人間内村の生きた膚《はだ》に触れる思いを禁じることができない。

七月一〇日の日記には「来る人、会う人、皆有島武郎氏の自殺問題をもって持ち切りである。……こんな明白な問題に関し善悪の議論を闘わすの必要は少しもない。……有島氏が今度なしたことを善しと思う余の友人はこの際断然余と絶交して欲しい。これは個人問題または感情問題でない。信仰上の大問題である。余は有島君が君の主義に忠実でありしように、余も余の主義に忠実であらねばならぬ。もし同君が生きていたならばこの事を承知してくれると信ずる」。

このような激しい内村の怒りは内村の悲しみの表われとも見られよう。しかし問題はそれにつきない。有島の最後の行動に対する是非の議論そのものに内村は福音の権威を守る者として対決せざるを得なかった。福音の根本に向けられたサタンの巧妙なまた激しい攻撃を、有島弁護論の中に看取《かんしゅ》せざるを得なかったからであった。この有島事件の後《のち》まもなく関東大震災が日本を襲った。

背教者——小山内薫《おさないかおる》(一八八一〜一九二八)——

……先生の坊ちゃんを膝の上にのせた。

……可愛くて堪らない。

背教者

……思わず頬ずりをした。

……すると、急に坊ちゃんが両手で私の顎《あご》を抑《お》しのけた——

……「お父様、山田さんの口が煙草臭いですよ。」まだ五つにしかならぬ男の子がはっきりこう言った。

……先生が恐《こわ》い顔をして、じっとこちらを見詰めた……（略）

この物語は、こういった夢を毎日のように、およそ二〇年も見続けている、山田という四十男の告白である。懺悔《ざんげ》である。

小山内薫

これは「背教者」の冒頭の一節である。ある夢では先生が笑い、私の胸が痛んだ。またある夢では、皺《しわ》がふえたと言いながら先生は頬を撫でた。先生は森川といい、内村のこと、坊ちゃんはその息《そく》で後の祐之博士、山田は小山内自身である。小説の内容は事実とほとんど違わないと、当時の弟子たちは言う。そしてここに出てくる内村は決してわるくは書かれていない。

しかし、内村は、一九二三年（大正一二年）五月二日の日記に、

「旧角筈時代の求道者の一人なる文学士小山内薫君が東京朝日新聞に『背教者』と題する小説を書き始めたとのことである。まことに気持悪しきことである。背教者は小山内君一人に止まらない。わが国すべての文士、哲学者、若き政治家などは背教者であ

ると見てさしつかえない。余の許に学んだあまたの文学士、法学士、理学士などは極めて少数を除く他は皆背教者となった。もしかれらがわが国有識階級の代表であるならば、キリスト教はかれらの多数決によって否定せられたと言って間違いがない。……美わしき愛すべき青年が少しく世の迎うるところとなるや、古草《ぞう》履《り》をすつるがごとくに何の惜しげもなくキリスト教をなげうつを見てわれらの心ははなはだ悩まざるを得ない。実に父が子を喪《うしな》うの苦痛である。ときどきかれらを思うて讃美歌第三一七番（花よりもめでにしわが子よ）を歌う次第である」。

このように書いて朝日新聞の購読を中止した。大正一二年四月から連載されたこの小説は、九月一日の関東大震災で新聞社が罹災し、未完のままに終わった。

夏期講談会

「私は今度の講談会で神御自身から一種の洗礼を受けたと信じます。……これはまったく今度の講談会に降りたまいし聖霊の導きであるに相違ありません。……それからも一つ私が今度の会で深く感謝しなければならないのは、私がこの一〇日間、私の最も弱点たる姦淫《かんいん》の罪からまったく浄く暮らすことができたことであります。……どうか神様、この聖き一〇日をしてただに一〇日に留まらしめたまわず、……わが生涯の大部分をこれらの日のごとく聖く導きたまえ……」。

一九〇二年（明治三五年）七月二五日から始まった第三回角筈《つのはず》夏期講談会の感想として「聖書之研究」に掲載されたものである。これに対して内村は

「善し、善し、余は君の信仰について満足す。また安心す。……今より余は君より多く学ぶところあらん……」と最高に喜び賞し、かかる人の導き手とならしめたもうた神に感謝している。

小山内が内村をはじめて訪ねたのは、第一回夏期講談会の始まる一九〇〇年(明治三三年)七月二五日、二〇歳、第一高等学校二年の時である。小学校のころから知っていた初恋の人の婚礼が、偶然講談会の前日にあり、かれは傷心の心をいだいたまま、かねて申し込んであった角筈へ出かけた。そこには青く晴れ渡った空があり、緑に光る櫟《くぬぎ》の葉があった。「まのあたりに先生の風貌に接し、先生自身の口から溢れ出る火のような思想が見たかった」だけなのであるが、しかし一日が終わったとき、「急に幸福の感動に溢れた、生きている効《かい》があったと思った。かれの前に開けたのは、今までかれのまったく知らずにいた世界だった」(「背教者」)。内村を知って清教徒のような生活がはじまった。そして「たいへんに優しい人になった」とは、実妹岡田八千代の言うところである。

五歳で父を失った小山内には父の記憶がなく、内村を父のように敬慕し、「先生とかれの愛児祐之君と三人で鎌倉に暮らしたり」、聖書研究社の助手を勤めたり、地方伝道の供をしたりしている。

手紙事件

小山内の成長期を取り囲んだのが、開化と伝統の入り乱れる年若い社会であり、またその縮図のような家庭の環境であったので、内村の教えに忠実であろうと努めても、容易ではなかった。中学からの同窓武林夢想庵《たけばやしむそうあん》は機会あるごとにかれを芝居に誘った。内村の罪悪視する芝居を隠れて見るばかりか、自ら告白するように曇りをのこして第二の恋に失敗、また、教友の妹との不幸な恋愛事件ではもてあそばれた形となって、最後の一点で持ちこたえていた信仰生活をまったく突きくずされてしまった。

「大学へはいってから、私はある他の恋愛に失敗して、内村先生の門をくぐることができなくなった。破門せられたのではない。それは先生の知らぬことだったが、私の弱さが私を先生から遠ざけてしまったのである。それからの私の生活が急速度をもって頽廃に進んで行ったことは言うまでもない」(自伝)。

内村から離れてしばらくしたある日、田中純が内村を訪ねた。その時「安倍能成や有島武郎は自分を離れた弟子だけれども安心していられる。しかし小山内には目をはなしていられない、『小山内君は弱いんでねえ』」といったという。

一九二八年(昭和三年)一二月一九日、ふとした動機から、斎藤宗次郎は小山内あてに長い手紙を書いた。「……感謝おく能《あた》わざる一事は内村先生がしばしば貴兄の事を追想して語られ、かつその祝福を祈らるるを耳にすることであります……」。

二一日の夜になって内村の耳に入り、手紙が小山内に届く前に取り戻せとの命令を使者が伝えてきた。翌二二日は、転居先不明で青山、麻布、京橋の郵便局をただし、ようやく築地小劇場で現住所を知って、訪ねたが不在。翌二三日は、築地小劇場の一隅で小山内と面会。投函した手紙に添えて、斎藤が「自分と内村に関する温かい感想を記した」と称する小山内自筆の手紙(次ページ)を渡された。小山内はその翌々二五日の午後一一時、日本橋偕楽園で食事中に急死した。動脈瘤が原因だった。

斎藤はこのため、一か月の謹慎を命ぜられた。内村の仕事をしている関係で、背後に立つ内村の意志をも含むものとみなされ、背教者にこちらから辞を低うして帰還を促す態度は、今日まで生命を捧げてきた福音の根本を傷つける大問題だというのがおもな理由である。

斎藤が謹慎を解かれて再び内村の許で働くようになってから、繰り返し小山内と面会した折のようすを問われ、内村は「君のあの手紙は悪かったか善かったかわからんね」と言ったという（「ある日の内村鑑三先生」）。


お手紙感謝して拝見しました。

併し返せとの御命令故お返しいたします。

但し私はあのお手紙で、うぬぼれて、先生に迷惑をかけるようなことは絶対にありませんから、その点は御安心下さい。

私は常に——永久に——先生の前に恥ぢてゐるものです。

人間はさう変るものではありません。

私は昔ながらの私です。そんなにあなた方と離れてゐるとも思ってゐません。

背教者としてのヒケメは充分に感じてゐますが、まだ、獣にまではなりません。あなた方の方でもいくら信仰が深くおなりでも、まだ神には距離があるでせう。人間と人間である限り、私とあなた方とが又一つ場所に会さないとは限らないと思ってゐます。久しぶりで御消息に接し非常に喜んだのですが、その手紙を取り返されたのはちと残念です。

私はまだ先生に疑はれてゐるのでせうか。私は先生を離れてゐても、先生の弟子だったことを一度も恥だと思つたことはないのに。

廿二日　小山内　薫

斎藤宗次郎様

信仰をはなれたあとで内村とバスの中で乗り合わせたりすると、小山内はまっ青な顔になり全身に汗をかいて、一種の恐怖の発作に襲われた、とか、並みはずれて興奮度の高い一種の異常体質であるとかいわれ、晩年は健態状態が悪くて、寝室を暗くすると死の予感が強まるらしく、明かりを消させなかったという。

日本の新劇の系統発生を個体発生のうちに体現したようなこの人の四半世紀には、谷崎潤一郎や森鷗外が激賞するように、自由劇場出発のころのかがやかしい時代もあったが、文壇、劇壇に敵もあり、仲間や弟子にそむかれたり、資金ぐりに苦しんだりして、巣鴨の大黒天を祭る巫女《みこ》の家に通ったこともあれば、大本教《おおもと》に凝って狂信的になったこともある。

思いがけない時にもらい、そしてたちまちとり返された手紙の返事として書かれたこの手紙は、ただ「いい手紙です」とか「温かな」というものではないと思われる。屈折したいろいろのものを感じとることができる。しかし「悪かったか善かったかわからぬ」という内村の感慨から、われわれは師と弟子との運命的な出会いの悲しい残響をききとるのである。

一つの秘密——正宗白鳥《まさむねはくちょう》(一八七九〜一九六二)——

「今、回顧して、私が精神的感化を受けたのは、だれよりも内村鑑三先生その人であった」と、死の前年、一九六一年(昭和三六年)の「思ふこと」に正宗は書いている。

植村と内村

内村の作品に親しむようになったのは、一八九四年(明治二七年・一六歳)「国民之友」に掲げられた「流《りゅう》竄《ざん》録」や翌年の「何故に大文学は出でざる乎」などによってである。そこで、内村のものをもっと読みたくなり、「基督信徒の慰」と「求安録」を購読して、いよいよ内村に惹《ひ》かれ、「筆をもって、糊口《ここう》の資を得ようと決心させたほどであった」。個人的に接触することはなかったが、ある時期まで、その作品は一編をも見のがさないで、ことごとく読んだ、という。

明治二九年二月、故郷、岡山県和気《わけ》郡穂波村から上京、早稲田大学の前身、東京専門学校の英語専習科に入学。さっそく、諸所の教会をのぞいたあげく、植村正久の説教を聴きに毎日曜市谷《いちがや》の基督教講義所に出席した。

その夏、静岡県興津《おきつ》で開催されたキリスト教夏期学校に、内村の連続講演「カーライル」があるというので、病軀をおして帰郷の途次聴講。これが内村の風貌に接した初めてである。「その熱意のこもった講演を聴いて以来、次第に内村鑑三の心酔者になった」。

晩年の正宗白鳥

帰郷の翌日から高熱を発し、生死の境を彷徨《ほうこう》しながらも、神に祈るとふしぎな安らぎを覚えて、病臥二か月余で再び上京、「この機会に洗礼を受けるべく決心して」翌明治三〇年一九歳で植村から洗礼を受けた。そうして数か年の快い信者生活を送った。植村の祈禱に和し、説教によって啓発され、師の私宅を訪問して直接に教えられた。しかし「師の所説に感激することもなく、師に心酔することもなかった」。「あのころの私は内村第一であった。かれによって刺戟《しげき》され、知恵をつけられ、心の平和を得る道を見つけんとしたのであった」と回想する。個人的に接触したことがない、それが青年の日に心酔し得られた理由であるかもしれないと正宗自身述べており、「内村がどこかの教会の牧師であったにしても、私はかれによって洗礼を受けようとはしなかったであろう」という。

内村の聖書の解釈は直截《ちょくせつ》で、他の伝道者と異なる独自なおもむきがあり、正宗は自分の聖書の読み方が生きてくるような気がして、独りとぼとぼと読んでいた。

一九〇一年（明治三四年・二三歳）、東京専門学校を卒業。この年キリスト教を棄てた（自筆年譜）。後年、臼井吉見に「棄てたのではない」と語ったそうだが、このころには教会からも遠ざかり、前年「独立雑誌」の廃刊ごろから、急速に内村に対する敬慕の情を失い、懐疑的背教的になっていた。

一九五八年(昭和三三年・八〇歳)、「毎日宗教講座」の「生きるといふこと」に、その当時を回顧していう、「もしできることなら福音書をそのままに受け入れるような素朴な信仰に安んじていられればいいと思っていた。しかし、私はキリスト教を苛烈な宗教だといつの間にか思うようになっていた。……殉教を嫌い殉教を恐れているのではキリスト教精神から遠ざかっているのである。……それで、私は洗礼を受けていようと、また『われらの主なるキリストよ』と、朝に祈り夜に祈りしていても、信者の破片《かけら》でもないように思われだした」。そしてしだいに教会にも遠ざかり、「唯一の師、また師とするに価した」植村ともやがて会わなくなった。

棄教の原因をしるしたと思われる「不徹底なる生涯」(昭和二三年)では、女性関係や文学趣味の方が人間の真実で、キリスト教は虚偽のような気がしだした、とあり、またこの年の年頭、弟、国文学者敦夫《あつお》に送った長文の手紙中に、善を求め真理を追うとともに高尚な美の思想を養うのが真のエライ人の理想だとして、「内村先生のような説は偏見さ」と言っている。

その死

一九六二年(昭和三七年)一〇月二八日、正宗は、数え年八四歳で死んだ。「私は罪人で、たくさん悪いことをしたけれど、キリストは許して下さる。そして、天国にいだき入れて下さる」(昭和三七年一一月二日・読売新聞)と植村環《たまき》牧師に答えたことが問題になった。キリスト教に対して不信と懐疑とをもらしつづけ、冷徹なリアリスト、さめたる人として世に知られていたからである。

したがって、臨終の信仰告白はかれを知る人々によってさまざまに考えられている。

諸家の見解として、広津和郎　信仰を得て安心したかどうかわからない、瀬沼茂樹　この事実を疑う、舟橋聖一　生理的病理的変化であって、長い一生を臨終場面だけで片付けるのはナンセンス、山本健吉　終始キリスト教徒だった、平野謙　最後まで本心の露出をいとう、柔軟な含羞《がんしゅう》の人、小林秀雄　非常に純粋な日本的クリスチャン、河上徹太郎はこれに賛成、高見順　自分はクリスチャンだと打ちあけられた、という。また、キリスト教界の長老比屋根安定は、後藤亮（「正宗白鳥・文学と生涯」の著者）に、キリスト教徒とはああいうものではない、と言ったという。後藤は、その著書で「慎重に」検討している。亀井勝一郎が、正宗は罪の問題を考えたことがないというのに対して、後藤は、神学的素養のある植村に鍛えられ、罪と赦しへの共鳴なくして、内村全集を晩年に読み返すことはできないだろう……、と結論している。なお手塚富雄は、「人生の醜」の発想はあったが、「自己の罪」の発想はなかったこの人に、「私は罪人で……」ということばがあったことを心にとめたい、といっている。

一〇月一二日から死の時まで、植村環は毎日のように病院を訪ね、その日から一〇日ばかりした日には、「私は単純になった。信じます。従います」と安心しきった顔で言ったという。

ともあれ、後藤氏の結論に賛意を表したい気持ちであるが、厳粛な意味で「一つの秘密」であることに変わりはないであろう。――「一つの秘密」とは正宗最後の単行本の題名である。

内村に負うもの

「青年期に内村に心酔していたとすると、私の一生にかれの及ぼした感化影響は容易ならぬものがあったはず」となし、老後は、内村の作品を読み返して、その感化の真相を検討しようと、記している（昭和二四年・七一歳・「内村鑑三」）。

正宗は晩年のあるとき京都のホテルに泊まり、新館のためまだ聖書の備え付けがなくて、夜寝るときさびしかったという話をしている。聖書がなくてはさびしい人、棄教したと言いながら、聖書から離れられなかった人である。これもデフォルメされた内村の「聖書中心」の影響でもあったろう。

正宗は、内村は詩人の骨法を持っているようでなく、その散文も無骨で滋味を欠いているようであったが、その点がかえってわれわれの心に喰い入る力を持っていたのであろうか、という。正宗自身の文章についても、ソッケないような中に、なかなかのリリシズムがあり、若い胸に訴えるところがあったとの評（手塚富雄）がある。中村光夫が「常にあらゆる形を否定していった文学者」といい、手塚が「いつも破り、いつも醒まそうとして」というが、これは多くの人が認めるところである。既成の形を常に否定して、破り進んでゆく点は内村の持つ一つの特質に通ずるものであろうか。

正宗は、「今度全集によって、かれの『基督再臨』説や、『肉体復活』説などを読み、かれに対して新たに新鮮な感じを持つようになった。……私が内村のこれらの説に共鳴しようとすまいと、かれがそれを生存中の大問題としたことに、私は重要な意義を認めようとするのである。如何にして生くべきか、あるいは如何にして死すべきかを、それを機縁として私は考えるのである」と。

また、「人間は誰しも自分の経過しないことは分らない。死に至る道は、死に至って分るので、どんな大先生にもあらかじめ分っているわけではない。……預言者としてでもなく、先覚者としてでもなく、凡人内村として親しみを覚えるようになったのである。……自分の経験しないことは、つまりは不可解なのである」と「内村鑑三」を結んでいる。

正宗はその死の年の四月、女流文学賞授賞記念講演、「文学生活の六十年」の最後に、「自分で偉そうな考えをもたないで、そこらの凡人と同じような身になったところに、ほんとうの天国の光がくるんじゃないかと感じることがあるんです」と述べているが、この感懐は、さきに引用した「内村鑑三」の中の「凡人内村に親しみを覚える」との感想と、十余年を隔てて相呼応するものである（この間の消息については、大岩鉱著「正宗白鳥」に詳しい）。さらに手塚富雄は、「そこらの凡人と同じような身にな」ってと正宗が言っているのに対して、最晩年の正宗が、ひとごとでなく、自分の死に向きあった発想として受けとり、これがさらに密度を増して、あの最後の病床での告白「私は単純になった、信じます、従います」となったのだろう、死はそれほどのっぴきならぬものであるにちがいない、と指摘しているが、これは十分首肯できることのようである。

正宗は、自分の感じたこと、経験したこと、考えたこと以外はなんにも書いてない、あんな頑固で正直な人はない、とも評される（小林秀雄）。これは大方の批評家の一致するところである。本質的なものだけを問題にし、体験しないことはいっさい不可解として信じない。ウソにならぬようあくまでも否定的言辞によって表現する、といった態度は、内村の「実験」の重視と通ずるものがあるのではないだろうか。内村との等質とか類似ということがおのずから内村に惹かれた点もあったであろうが、いずれにせよ、八〇余歳にしてなお若さを失わないたくましさは、「実験」の精神にどこかでつながるように思われる。

正宗の全生涯の文学的活動が、如何に生くべきかの問題、死の問題を終始めぐっていたことは、自然主義文学の衣をきた宗教文学といわれる所以《ゆえん》であるが、その由来するところは、若き日に、内村と邂逅《かいこう》し、その魂に消え難い刻印を受けたことにあると断じても、おそらく間違いではないであろう。

付け加えて――志賀直哉《しがなおや》(一八八三〜一九七一)――

「小説の神様」と言われた志賀が内村とかかわりを持ったのは、一九〇〇年(明治三三年・一八歳)学習院中等科五年の時から、内村の許《もと》を去る明治四一年まで、約七年間であった。その間の消息は、志賀の「内村鑑三先生の憶ひ出」(昭和一六年)および「大津順吉」(大正元年)・「濁《にご》つた頭」(明治四三年)等にある。

従兄《いとこ》のように感じていた末永馨《すえながかおる》という志賀家の書生に勧《すす》められ、それまで名前さえ知らなかった内村の、第二回夏期講談会の途中から出席したのであるが、「その鋭い感じの顔は、おくれて後から入つていつた私にもすぐそれとわかつた」。「ニーチエにもカーライルにもどこか似ている」「……日本一いい顔をした人だとひとり決めこんでいた」志賀は「なによりもかによりも、恐ろしいようで親しみやすいその顔が好きだつたのである」(大津順吉)と言う。志賀論で内村との関係をはじめて試みた中村光夫は、こういう志賀に対して、「かれが鑑三に惹《ひ》かれたのは、肉体に生かされた思想の美しさであった」、「内村の宗教をかれの『立派な顔』としてしか受け入れられなかった」と評している。

志賀自身は、自分の人間形成に影響した人として師としては、内村をあげ、「正しきものを憧れ」、「不正虚偽を憎む気持をひき出され」、二十《はたち》前後の誘惑の多い時代に大過なきを得たのは、実にありがたいことと感じていると言い、また、「その頃の社会主義にかぶれなかった」のも先生のおかげであると言っている(「憶ひ出」)。

志賀が内村を去ったのは、その前年に起こった女中との結婚問題について、内村の助言を求めたが、満足するような答えを得られなかったことに直接の原因があるようである。

明治四四年の日記に、志賀は武《む》者小路《しゃこうじ》実篤《さねあつ》のことを「武者は内村先生のようにならなければ仕合わせである。ああいう道はすぐ行きづまる道だと思う、……内村先生は十何年間というもの足ぶみをしているのではないだろうか」としるしている。また翌明治四五年には「自分は自分を真ン《し》から愛するようになつた。自分は自分の顔を真ン《し》から美しいと思うようになった。自分は自分ほどのエラサを持った人は余りないと信ずるようになった」といい「自分の自由を得るためには他人をかえりみまい。……他人の自由を尊重しないと自分の自由がさまたげられる。二つが矛盾すれば、他人の自由を圧しようとしよう」と書いている。

志賀の親しい友人柳宗悦《やなぎそうえつ》をして、「白樺派連中の中で一番宗教的なのは志賀だ」と言わしめたほど、志賀はまれに見る「自己信奉者」なのである。およそキリスト教的なもの、そのいうところの「罪」とはまったく縁遠い存在の志賀なればこそ、かえって、内村と「気まずい気分はすこしもなく」別れることができたのであろう。

内村を去って、文学が宗教に代わり、かれ自身が自分の「主人」となった、志賀のこの「自己信奉」は、しかし、そう簡単に手に入れたわけではない。「日記や感想には生《なま》の形で、作品には昇華されて」、そこへ至るまでのなみなみならぬ精神の苦悩が表白されている。西欧の思想家たちが唯一神を相手にするのに対し、東洋人である志賀は汎神論的《はんしんろん》で、「神」を言わず「自然」を言う。この「自然」の子である人間が持つ混沌《こんとん》たる「我」が「調和」によって、「自然」に帰するためには、激しい戦いを経験しなければならなかった。この自己との戦いという点では、内村から触発されたと見るべき、西欧的思想人の影響があるといえるのではないかと、尾崎一雄は述べているが、強い志賀の「我」が「自然」と「調和」するためには、死に至るまで戦った内村の生き方の影響があると見るのは当たっているように思われる。

――太　宰　治（一九〇九～一九四八）――

「小説の神様」志賀直哉に、晩年の太宰治が嚙みついたことは（「如是我聞」）有名である。

志賀の「暗夜行路」に対して、「大げさな題をつけたものだ。……この作品の何処《どこ》に暗夜があるのか。ただ、自己肯定のすさまじさだけである。……」と太宰は攻撃する。自己の存在について「生まれてすみません」としるし、「人間失格」を書かざるをえなかった太宰（かれのペンネーム「太宰治」も、おそらく「堕罪児」に由来するのであろう）にとって、「自己肯定」は偽善としか考えられなかったのである。

この太宰に次のような文章がある。

「……内村鑑三の随筆だけは、一週間くらい私の枕もとから消えなかつた。私は、この随筆集から二三の言葉を引用しようと思つたが、だめであつた。全部を引用しなければいけないような気がするのだ。これは『自然』と同じくらいにおそろしき本である。私はこの本にひきずり廻《まわ》されたことを告白する。……この内村鑑三の信仰の書にまいつてしまつた。いまの私には、虫のような沈黙があるだけだ。私は信仰の世界に一歩、足を踏みいれているようだ」（太宰治全集十巻 Confiteor）というのである。

おそらく明治以来もっとも深く人間の罪とその救いを問題にした内村の著書が、このように強く太宰の心をとらえたのは、ある意味で当然であろう。しかし、「自己肯定」の志賀と頽廃《たいはい》の太宰との二人ながらに、文学者でない内村に魅《ひ》かれ、しかもやがて健康なあるいは破局的な別離に至ったということこそ、われわれに、近代日本文学の根底に横たわる底深い問題を投げかけているのである。

V　エピローグ

——晩年と死——

最後に昭和に入ってからの内村の晩年とその死について考えよう。この時期の最大の出来事は弟子との分離とそれに続く内村の最期《さいご》であるが、われわれはここでこの晩年の時期を内村の生涯の総決算と見て、やや広い観点から考えてゆこう。

晩年の悲劇

いかなる偉人といえどもその晩年は何かの意味で悲劇的である。その理由は時代の推移にいかなる偉人も十分には応じきれず、そこに新旧のへだたりが生じ、そこからかれが生涯をかけて追求し主張してきた問題が、その人を追い越してゆく一面が生ずるところにある。内村の晩年の弟子との分離の問題もこの悲劇の一つとも見うるであろう。もちろん内村の場合、かれが時代の推移に押し流されたり、あるいは事の成り行きに受動的・消極的に対したりしたところはなく、かれは勇敢に最後まで積極的に戦い、弟子との分離はかれが生涯をかけてまもってきた自己の独立の確保でもあった。死の二年前のある日の日記に「老人の独立について考えた。若い時には老人より独立せねばならぬように、老いては若い人より独立せねばならぬ。人よりは何人よりも独立せねばならぬ、絶対的に神に頼らねばならぬ。墓に入る日まで独立であらねばならぬ、独立は神が賜ふ最大の賜物《たまもの》である。願ふ今日までこれを賜ひし神、最後の日までこれを賜はんことを」とあるのは内村の強い覚悟を示している。内村の主体の側で、このような強い積極性が見られるとしても、客観的に見れば弟子との分離の問題の背後には、時代の推移の影響が強く働いていたことをもとより否定することができないのである。総じて内村の晩年には、かれほどの人でもなお批判精神のある程度の衰えを見せていることは否定できないであろう。大正九年刊行の「モーセの十誡」の講義の中の「殺すなかれ」についての講解で、資本家に対する激しい攻撃を書き記したかれが、昭和初期のいわゆる青年の思想悪化の問題については、文部省の思想善導の立場をそのまま肯定するような受けとり方を日記のところどころで示している。もちろんこの時代の社会・教育上の最大問題の一つであった学生の左傾という問題は内村にとって十分負いきれない複雑な問題であった。これは内村が生涯およそ社会科学に対してほとんど関心と理解を持たなかったことからも当然であった。それにしても内村ほどの人が新たに起こってきた歴史の必然的な課題としての社会主義に対して、これに何らの意義を認めないように見えることは驚きである。また今日のわれわれから見て奇異に感ぜられることは、同じく晩年の日記に見られるすべての皇室に関する出来事、皇室の行事に対する敬虔な、直接的

内村と愛孫（大正15年3月）

に密着した態度である。総じて晩年の内村が「この世のこと」に対してしだいに無関心な態度を強く示していることはいちじるしい。昭和三年二月、日本の最初の普通選挙に際しても内村の関心はうすかった。かえって同年一一月、米国の大統領選挙でカトリックのスミスをプロテスタントのフーヴァーが圧倒的に破った出来事に対しては最大の関心を示し「腐れたりといえどもさすがは米国である。カトリク信者を白亜館には入れない。歴史は逆行しない、世界の政権を羅馬教庁の支配または感化の下に置かない」と書いているが、その後の米国および世界の歴史の推移は問題がそれほど簡単でないことを示している。

新旧の衝突

弟子との分離の問題も新旧の衝突であったことは内村自身の述べているとおりである。内村の晩年柏木における日曜ごとの集会は会堂の広さに対して聴講者が多すぎたために午前と午後二回持たれていた。内村は原則として二回とも講壇に立ったが、かれを助けるために、畔上賢造、塚本虎二両氏がいわゆる前座をつとめた。畔上賢造は名実ともに内村の忠実な弟子であり、その信仰の経歴においてもまったく内村および内村の思想圏内にあったホイットマン、バンヤンなどの英米の思想の影響下に立っていた。昭和四年二月一一日の内村の日記に「上落合聖書研究会の集会所落成し、今日その感謝会を開いた。来会者五〇余名あり、まことに意義深き会合であった。ここに畔上が柏木を離れて独立して聖書研究を継続するに至ったのである。云々」とある。塚本の独立はそう簡単には行かなかった。塚本はもちろんその信仰の根本を内村に負うていたが、ヒルティ、ダンテ、キルケゴールなどから受けた感化も大きく、その深い回心の経験からくる信仰のことばは鋭い論理とあいまって内村とは違った強い印象を聴講者に与えた。晩年の内村の講壇はその荘重な深みある聖書の講義で聴く者の心をとらえていたとはいえ、新進気鋭の塚本の名状しがたい、新鮮な信仰のいぶきが、少なくとも青年たちの心をより強くゆり動かしていた一面のあったことは確かである。そのような若い人たちの集まりで内村がある時「どうだ、あなた方わたしの話しが分かるか」と問うたところ「塚本先生のお話しを通して逆に先生のおっしゃることが分かります」という意味の答えを得たというエピソードが伝えられている。晩年の分離問題の微妙なニュアンスがここからも感知される。

無教会論

正面切っての問題は塚本の無教会論にあった。塚本は本来頭の鋭い法律家であり、その激しい情熱を鋭い論理をもって貫きながら、「信仰のみによる救い」を説いた。教会に頼ることは神以外に頼ることであり、教会への所属や洗礼、聖餐などの儀式が救いの条件であることは、「信仰のみによる救い」と根本から矛盾するとして、教会問題を信仰問題の前面に押し出してきたのである。内村の場合にも「福音と無教会主義とは関係の無いものではない。いな、深くその源を究《きわ》むれば二者は同一の精神に出づるものである。なにも既成教会に対し反旗を翻《ひるがえ》すのではない、真理そのままを主張するのである。無教会が解らずして福音は解らずと言ひ得る」と一九二七年九月に記している。この主張は塚本の主張とほとんど変わらない。内村の場合にも時に福音と無教会を同置することがあったとしても、これは内村の信仰にとって教会の問題が中心的な位置をしめていたことを必ずしも意味しない。もちろん「無教会主義」ということば自身内村に由来するのであり、内村が何らかの意味において既存の教会、ないし教会制度を否定したことはいうまでもない。しかし否定ということは内容がかなり多義であり、あいまいである。ちょうど旧約の預言者が当時の祭司と対立し、祭儀に対して多かれ少なかれ否定的、批判的態度をとったとしても、この預言者の対祭儀の否定がどのような否定であったか、必ずしも判定しえぬのと同じである。これは預言者が祭儀そのものを全面的に否定したのか、当時の堕落した祭儀を否定したに過ぎないか、の問題である。預言者的な信仰の持主であった内村が多少なり祭司的な傾向に立つ教会――カトリック教会のみならず、プロテスタント教会――に対して始めから否定的であり、その活動が教会制度の外に立ってなされた場合、内村は確かに教会を否定し、無教会を主張したのであるが、その教会否定はどのような意味の否定であったのか。札幌以来「如何なる基督教が人類を救ふにたる乎」の探求を生涯の課題とし、一六世紀の宗教改革を中途半端な改革に過ぎずとし、宗教改革の主張をその論理的帰結にまでもたらして無教会主義を唱えた内村の場合に、教会問題がどうでもよい問題であったとは考えられない。しかし否定は具体的には多義的でありうるし、人は肯定においてよりも否定において多く誤ることを直覚的に知っていた内村は、柏木時代後期の後半における塚本の、まったく一義的な教会否定に対して危惧《きぐ》の念をしだいに強くいだいたらしい。問題は総じて両者の信仰の色合いの相違であったともいえよう。

　内村の死後発見された遺稿に「私は今日流行の無教会主義者にあらず」とあるのは塚本たちとの関係を指

していると思われるが、この遺稿にしても、内村における無教会主義の多義性をまったく除くものではない。塚本に贖罪《しょくざい》の信仰が欠けており、十字架ぬきの信仰のみの救いを塚本が説いたために、内村と衝突したのであるという見解（山本泰次郎「内村鑑三」角川新書　昭三二年、「内村鑑三」東海大学出版会　昭四一年）は全然事実に即さない。論者は塚本のあるときの個人的なことばからこのことを強く主張するのであるが、文字として公にされたのでもないあるときのことばを主観的に受け取り、勝手な判断を下すのは不謹慎というほかない。塚本の多くの著書、長年の日曜ごとの聖書講義においてキリストの十字架の贖罪がいつも中心に立っていたことは明らかである。それゆえ塚本に十字架の信仰が欠けていたことに分離問題が由来するという見解は事実を曲げるものである。ただこの見解に何らかの正しいところがあるとすれば、同じく贖罪の信仰といっても内村と塚本の場合にある強調点の相違があったということであろう。塚本のある時の聖書講義の直後、内村がひじょうにきげんが悪く、まだ皆のいる前で「自分は実験からすべてを話すが、君は頭で話す」と非難したという逸話は内村の塚本観をはしなくもあらわにしているようである。

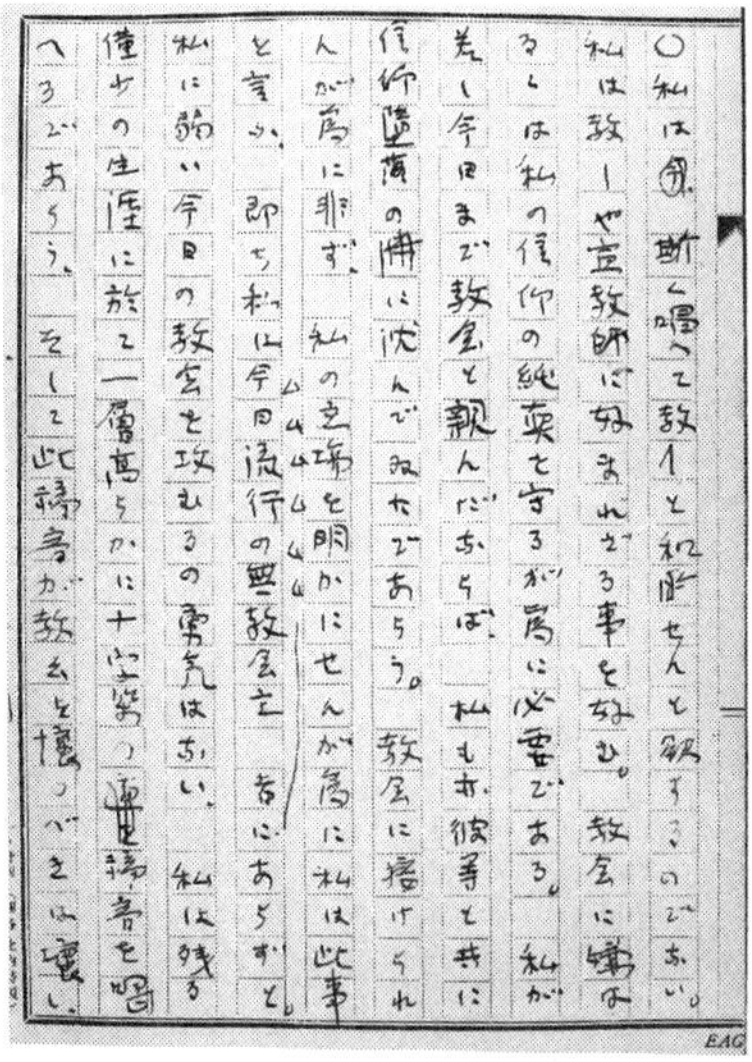
○私は斯く唱へて教会と和睦せんと欲するのではない。私は教会や宣教師に好まれざる事を好む。教会に嫌はるゝは私の信仰の純粋を守るが為に必要である。私が若し今日まで教会と親んだならば、私も亦彼等と共に信仰堕落の淵に沈んで居たであらう。教会に擯けられんが為に非ず。私の立場を明かにせんが為に私は此事を言ふ。即ち私は今日流行の無教会主義者にあらずと。私は弱い。今日の教会を攻むるの勇気はない。私は残る僅少の生涯に於て一層高らかに十字架の福音を唱へるであらう。そして此福音が教会を壊つべきは壊し

遺稿（昭和５年１月？）

実験的信仰

もちろん塚本が頭で信仰を理解したような人ではなく、その長い、深い罪の悩みと一回的な明確な回心の経験を経た人であることを内村は知っていた。内村が当初塚本をあれほど重んじたことは、塚本の人間的魅力とともに、主としてこの点であったことは疑いない。それにもかかわらず内村は自己の信仰を実験によって積み上げてきたような人である。その内村にしてみればことばに鋭い塚本の信仰の告白に自分との相違を直覚したことは十分考えられる。ことに晩年の内村は信仰の客観的な面を重んじ、四〇代の塚本の信仰は主観面において生きいきしていた、ということができる。内村が晩年において救いの客観的な面を重んじていたことは、しばしば予定の教理に深い同感を表わしている点にもうかがわれる。塚本にはこのような信仰の把握はほとんど見られない。内村はより古風であり、塚本には新鮮な若々しい生命がみなぎっていた。ここに新旧の世代の推移と交替を認めざるを得ないのである。塚本の強い無教会主義の主張にしても、内村の長い伝道の結果として、無教会の存在が教会とは独立の別の集団として歴史的にしだいにはっきりと成立してきたことに応じ、それを理論的にも基礎づけようとする面を持っていたのである。内村自身はここにおいても自分のまいた種が教会とは別の集団として大きな樹にまで育ったという歴史的事実に追い越されたという面があった。晩年の内村は「近代人」に対する嫌悪をしばしば述べているが、最後には直接塚本を明らかに指しつつ「新旧の別」を「聖書之研究」誌上に発表し、公表した日記にも「塚本はどう見ても新人である。かれの才能と信仰とが近代的である」と書いた。これは塚本が柏木の講壇を去った昭和四年一二月二二日の日記の一節である。「新旧の別」は内村における白鳥の歌ともいうべき激越な一文で、かれは自らを「近代人」から区別し、かれ自身は近代人のごとく、神を人の側から求め、これを見出したのではなく、神の側から見出され、神にとらえられたものたることを主張している。

最後の危機

「柏木はこの二、三年間なんとなく不安な所と化した」と内村は死の一月半ほど前に記しているが、分離問題が危機的な相を呈し、最後の悲劇的な分離にいたった直接の機縁は内村逝去の前年の夏、かれがその病を軽井沢に養いつつあるとき、塚本に一番近い人たちによって内村の隠退が画策され、九月に内村が帰京すると「思いも依らざる勧告書のようなもの」が内村にもたらされたことである。「何しろアサマ山バク発以上の危険であった」と内村は当時のある書簡に記している。これが無教会主義の急進的な人々の動きであったことが想像される。内村は日記に「無教会主義を内村先生より奪つてこれを己が所有となす人々、自分は今より彼らの敵となつて闘わねばならぬ。……メランクトンが死ぬ前に神学者を呪《のろ》つたように自分も今日のクリスチャンを呪《き》いたくなる」とまで書いた。塚本自身は後で当時のことを次のように記している。「二人の絆《きずな》はなかなか断れそうになかった。ついに神は常套手段たる聖なる反間苦肉の策を講じたもうた。引き裂きたくなき人をして、引き裂かれたくなき人を、引き裂きたまわんとするのである。神は先生と私との間に誤解を置き、ついに憎みをすら置きたもうた。いくつもの突発事件があった。何れもツマラヌ事件であった。それが不思議なることには、先生にも私にも大事件と思われた。誤解は誤解を産んだ。そして、どうしても分離せざるを得なくなった。しかも、初め公明に行わるべく思われた分離が、刻々悪化した。云々」(「内村鑑三先生と私」)。これが多分一番深い、事の真相であったであろう。歴史の動きは、しばしばこのようにデリケートなものであると思われる。当事者たちはみな一生懸命ではあったが、われわれは内村をも塚本をもあまりに聖人にしたてる必要はない。そこには意地も我執《がしゅう》も加わった人間悲劇の一面のあったことを否定できない。心臓を病んでいた内村にはこのような争いは致命的であった。内村は学徳円満な、聖人君子ではなく、最後まで野性にあふれたただの人間であった。しかしかれの偉大は最後にその十字架の罪の赦しの信仰に真剣に立ち帰って、自己の破れと死において十字架のかげから赦しと愛とを貫いたことである。逝去の四〇日ほど前の日記に「まず神に完全に罪を赦して戴《いただ》かねばならぬ」と心臓病の苦しい病中から血のしたたるように綴った内村は、死の前日の夜の初更「塚本の罪も赦す。自分の罪も主イエス＝キリストにありて赦してもらう」と言い残した。この一言に内村の生涯の信仰は結晶し、かれは自己の罪と破れを告白して、十字架の主のみを崇《あが》め、ステパノのようにその「敵」をも赦したのである。二月ごろまでは「塚本が来ても会わぬ」と言っていた内村は、逝去の月、三月に入ってからはいく度となく、「塚本はまだ来ないか、あんなに愛していた塚本と、こんなにして死ぬことはできない」と言ったという。塚本も後にこの事を聞いて男泣きに泣き、再び十字架の福音に立ち帰って内村亡《な》き後の福音伝道に再出発した。

これは鮮血したたるばかりの人間記録であるが、これによってわれわれは内村の意義をおとしめているのではなく、かえってかれが生涯をかけてそのために生き、そのために死んだ十字架の福音がどのようなものであったかを明らかにし、内村の意義を挙揚しようとしたのである。内村は死をもってその天与の使命を果たしたのであった。

弟子との分離の問題を通じて、われわれはすでに内村の死についてもある程度述べたのであるが、最後に項を改めて、内村晩年の信仰とその死のありのままの姿を記したい。

内村晩年の信仰

内村の信仰の特色がその実験的性格にあることをわれわれは始めから強調してきたのであるが、かれの死そのものを内村は一回限りの実験として受けとり、これを通過して行ったのだ、とわれわれは解する。そのことを死の直前の日記が示している。「大先生が病気にかかりし苦痛は、多分、天皇陛下が病にかかられし時のごとくに、淋しくかつ厭苦《つら》いものであろう。信者の人々は、大先生は、人生の事はことごとく御存知であるから、われわれごとき者が精神上の慰藉などを御提供申すは無礼の極みであると思うらしくだれ一人として、友達となって、喜びの福音を語ってくれるものがない。ただ看護、物資の提供その他この世の人のなし得る援助を与えてくれるに止まりて、人生最も貴重とするところの、精神上の力を与えてくれない。この過去五〇日間この点において、じつに堪えられぬ寂寥《せきりょう》を感じた。しかるに今日、ある老姉妹が訪問してくれて、重病にかかった時の、信仰維持の途を教えてくれて、本当に有り難かった。人は如何なる大先生であっても、自分の通過したことのなき道の様子を知らない。自分が人の教師であるが故に、死に至るまでの道を知り尽して居ると思い、誰一人これをもって慰めてくれる者なきを

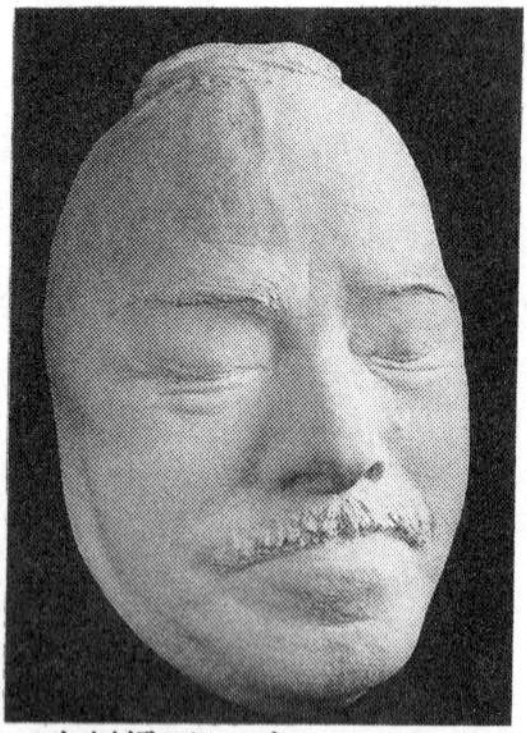
内村鑑三のデスマスク

思うて、本当に人生の情けなきを感じた。しかし今日はじめてこの喜びに接して、限りなき感謝を禁じ得なかった」。これはまことに興味深いことばであり、内村の実験的信仰の姿が躍如としている。しかしこの老姉妹も重病にかかった時の、信仰維持の途を教えたに止まり、如何にして信仰をもって死の苦しみそのものを通過すべきかを教えることはできなかったはずである。死は実に一回的であり、まったく個人的であって、それを通過した時にその人はもういないのである。ここに何人も一度は通過しなければならぬ死の特別な厳粛さがあり、内村の実験的信仰の一回的な厳粛さもその死においてきわまったというべきである。

内村はその長い生涯の多くの出会いを通じて、唯一神の信仰、贖罪《しょくざい》の信仰、復活の信仰、再臨の信仰をその時その時に実験してきた。それはいわば一回的な、その時々のかれの魂への神の手による刻印であった。それゆえ極端に言えばそれらの信仰は体験としての持続性を持たなかったのである。それほどにかれの信仰は人間の側の意識にとらわれず、神の救済の事実に与《あずか》っていたといえよう。かれが晩年の日記に「キリスト教は内的実験であるよりもむしろ外的事実である」という主張に深い同感の意を表しているのもそのようなところから解せられる。昭和四年五月の日記に「休養の床に就きながら活《い》けるキリストの今《いま》在したもうことに気付き、大なる慰安また奨励であった」とあり、「幾回か忘れ幾回か思い出すはキリスト現存の事実である。復活して今なお信者と偕《とも》に在したもう彼を判然と認むる時に我は新しき人となるを覚ゆ」と復活信仰について記し、さらに同年同月「久し振りにてキリスト再臨の光を以て聖書を読み、時の徒《うつ》るのを知らなかった」と書き、一〇月の日記には「久し振りにて十字架の信仰に還り独り心の衷《うち》で喜んだ」とある。内村が神秘的体験の持続や、意識としての信仰から自由な、非宗教的な信仰の人であったことがわかる。これは内村が常時は信仰に無縁の人であったということではないが、信仰の根拠を自己の体験の側に置かなかったことを示している。ここに内村の実験的信仰の積極・消極の姿が示されているということもできよう。

このような信仰をもって内村は最後に死の蔭の谷を一回的に通過しようとする。かれの生涯に見られる、多くの手に汗を握らざるを得ない出来事の最後最大の出来事が、その意味でかれの死であった。そしてかれの死ほどに雄大な、独特な記録を残したものものめずらしい。死はわれわれすべてが一度は例外なく通過しなければならぬものであるから、われわれが内村の生涯の意義を学んできて、最後にかれの死に学ばねばならぬのは当然であろう。

幸いわれわれは嗣子祐之医博の「父の臨終の記」にその臨終のありのままの記録を与えられている。内村の「日々の生涯」は三月二二日をもって終わっており（斎藤宗次郎筆録）、それ以後がこの「父の臨終の記」によって続けられているのである（「内村鑑三追憶文集」所収、「全集」第一八巻巻末に収録）。さらに「聖書之研究」終刊号に載せられた藤本武平二医博の「先生の臨終に侍して」に内村の最後の病床で語ったことばがより詳しく記録されている。ここでは二二日以後のことの大要を記すにとどめねばならぬ。

最後の数日

二三日は日曜で今井館では集会が持たれ、その後で内村の古稀《こき》の祝いについて相談中、夫人に呼ばれて藤本が内村の部屋へかけつけると、内村は端座していたが顔色急変し、眼の色変わり、瞳を据えて、藤本に向かい「君！ いよいよ最期が来たのだろう！ 福音万才！ 日本国万才！」と叫んだ。しかしその時は強心剤の注射で危機を脱した。二四日午後祐之一家が三人の孫たちをつれて上京した。柏木に着いて多少くつろいだころ、病室からの迎えで「もう心の準備ができたから来てくれ」ということで対面した。内村は最後まで折目正しい人であった。内村の喜びは大きかった。ことに愛孫正子の成長ぶりを見て非常に喜んだ。正子がきていやがるだろうというので、数日前床屋をよんでわざわざのびた髪を刈らせた、という。

二六日は古稀の誕生日に当たっていた。午後一時ごろいつもの発作的な心臓衰弱が襲ってきて内村を苦しめた。この発作の中から、祝賀のために集まった人々に伝えるようにと「万才、感謝、満足、希望、進歩、正義、すべての善き事」という短いことばにその時の心持ちを託した。付け加えて言うには「聖旨にかなわば生き延びてさらに働く。しかしいかなる時にも悪しき事はわれわれおよび諸君の上に未来永久に決して来ない。宇宙万物人生ことごとく可なり。言わんと欲すること尽きず。人類の幸福と日本国の隆盛と宇宙の完成を祈る」と。恐るべき死の苦しみの中からこれらのことばは発せられた。内村の高弟の一人、藤井武はこの祈りについて次のように書いている、「宇宙の完成! 多くの人はそれが何を意味するかをさえ解しません。それほどに大きな事であります。その事を臨終の床において祈って死ぬとは、実になんという偉大なたましいでありましょう。私どもはアフリカのために祈って死んだリビングストーンを知っています。敵のために祈って死んだステパノを知っています。けれども未だかつて宇宙のために祈って死んだ人のある事を聞きません。ひとりわが先生の霊魂は死の岸においてすべての造られし物、天地万有の呻《うめ》きを憶《おも》いました。そうしてそれら一切のものがその普遍的な悩みから解放せられて、神の子の限りなき栄光にあずからんことのために、同情の祈りをささげました」と。この日古稀の祝いの赤飯を二口、三口うまそうに口にして「これが最後であってもよし、また二度三度とあってもよし、しかし古稀の祝いの強飯《こわめし》を食べて死ねば日本武士としてこの上なし」と言ったというが、まことに内村の最期はキリストに生きた武士の最期であった。

二七日も重体が続いた。重い発作の過ぎた後に「青年時代から宗教文学ことに仏教で死ということをあまり細かく聞かされたことの害を知った」という意味のことばが一、二度口を出たという。その夜の初更内村はさも心地よげに「内村鑑三、主イエス＝キリストに在りて眠れり」といい、しばらくして前述の「塚本の罪も赦す」云々のことばが発せられた。二八日午前一時半「驚くべきほどの心身の平安があった」と祐之医博は記している。四時ごろなお意識は明瞭で祐之のことばに対してはっきり答えたが、そのころから呼吸に変調が認められるようになり、深い眠りが加わった。「静かな暁の静かな眠り」はそのままに続いて、家族と親しき教友の篤《あつ》き祈禱のうちに午前八時五一分、内村は最後の息を引きとった。「真に永き戦闘の全生涯に比して最も対照深き平和なる臨終であった」ということばで「父の臨終の記」は終わっている。死の時のありさまで必ずしも人の一生の価値がきまるわけではないが、人生の重大な危機を一回ごとに信仰をもって貫いた内村の場合、この偉大にして荘厳なる死の記録はかれの生涯にふさわしい勝利の記録であることを疑うことはできない。

内村以後　内村の死後旬日を経ず、四月六日、内村聖書研究会は解散式を行ない、「聖書之研究」は同月、第三五七号をもって廃刊となった。

無教会的集団は内村の死後、日本を襲ったファシズムの暴風《あらし》の中で、さらに戦後の混乱に抗して、真理と正義の旗を掲げてよく戦い、組織や制度によらない自由な集団として日本の各地に形成・発展をとげ、教会の外なるキリスト教として、日本の社会とキリスト教界に一つの力となった。歴史は内村以後内村を越えて進んだのである。

多磨霊園にある内村の墓
（8区16側29・30番；向かって右は「再た会ふ日まで」の碑）

あとがき

本書はわたくし一人の著作ではない。はじめに清水書院からお話しがあったとき、適当な著者を推選することを約し、二、三の適当と思われる方々に当たってみたが、いずれも御多忙のため承諾されなかった。そこで始めて考え方を変えて、自分の責任でこの仕事に当たることにした。

わたくしは昭和二四年から今日まで日曜ごとに聖書の講義をしてきたが、近年われわれの集会で若い方々が内村研究を続けており、夏や冬の特別集会では、すでに数回その研究発表をきいた。その水準は相当に高いものであった。そこでわたくしはこれらの若い方々の助力を乞い、それにその他のかねて内村研究に興味と関心を持っておられる方々を加え、共同の仕事としてこの著作を完成することにした。幸い清水書院もこの方針に賛意を表わされたので、昨年六月十日に第一回の会合を開いて各自の分担を決め、夏休み前にも二回目の会合を持ってさらに具体化していった。夏休みには若い方々は信州で共同生活をしてこの仕事を進められたようである。このようにして昨年晩秋以後、次々にできたそれぞれの原稿をわたくしが検討した。一冊の書物としての性質上、文章をある程度統一し、内容的にもかなり手を加えた部分もある。こうして本書ができあがった。各自の分担は次のとおりである。

最初の「内村の意義」と最後の「晩年と死」はわたくしが書いた。「準備時代」は安彦忠彦《あびこただひこ》（東大大学院）、「魂の戦い」は浅野《あさの》摂郎《せつろう》（東大大学院）、「教育者としての活動」は鷲見誠一《すみせいいち》（慶大法学部講師）、「社会活動の時代」は渋谷浩《しぶやひろし》（明治学院大法学部講師）、「『聖書之研究』と共同体の形成」、「信仰の展開と伝道者としての活動」は石倉啓一《いしくらけいいち》（三菱商事勤務）と深谷《ふかや》恒太郎《つねたろう》（万波シャーリング勤務）、「内村の横顔」は伊藤《いとう》進《すすむ》（鷗友学園勤務）、「内村と文学者たち」は清水三千恵《しみずみちえ》（鷗友学園勤務）、「年譜」は滝口仁一郎《たきぐちじんいちろう》（白十字会診療所勤務）、全部の浄書は富田千恵子《とみたちえこ》（明治生命勤務）の諸氏である。三月二一日に第三回の会合を開いて、全部の読み合わせを行ない、多少の加筆訂正をした。

このようにして一人ではとうてい短期間でできない仕事を完了しえて、わたくしは今感謝の気持ちで一杯である。協力された諸兄姉、多くの質問に答えられ、資料を提供された先輩諸氏、ことに「内村鑑三記念文庫」の利用をお許しくださったＩＣＵ図書館長高橋たね氏、また清水書院の方々に心からお礼申し上げたい。

わたくしは数え年一八のとき、「内村聖書研究会」の「ペテロ組」に入会を許され、最晩年の内村先生の聖書講義を聞いた。本書の上梓に際し、改めてそのことを思い起こし、今日にいたるまでの長い摂理の御手を思い、心の中で涙を流すものである。本書が少しでも読者の方々、ことに年若き方々に、内村の著作に親しむためのよき手引きとなりうるならば幸いである。

昭和四二年三月

関根　正雄

内村鑑三年譜（本文に準じ年齢はすべて数え年とした）

西暦	日本暦	年齢	年譜	背景をなす社会的事件、ならびに参考事項
一八五九年				ダーウィンの『種の起源』
六一	文久元年	一歳	上州高崎藩士内村宜之《よしゆき》の長男として江戸に生まれる（3・23）（のちに三弟、達三郎、道治、順也、一妹宜子《よし》）	米、リンカーン、大統領に就任 南北戦争（一八六一〜六五）
六七	慶応三	七		大政奉還、王政復古
六八	明治元	八		五箇条の御誓文。キリスト教禁止の高札（明治六年撤廃）
七三	六	一三	東京の有馬英学校に入学（3）	
七四	七	一四	東京外国語学校に入学（3）	板垣退助等民撰議院設立建白（1）
七五	八	一五		新島襄同志社を創立（11）
七七	一〇	一七	札幌農学校に入学（9） 「イエスを信ずる者の誓約」に署名（12）	西南戦争（2〜9）
七八	一一	一八	受洗、洗礼名としてヨナタンをえらぶ（6・2）	自由民権運動たかまる
八一	一四	二一	抜群の成績にて農学校を卒業、卒業演説「漁業もまた学術の一なり」（7・9）。開拓使御用掛となる	前年に新約聖書の邦訳成る

一八八二	明治一五	二二歳	父宜之受洗。友人らと札幌独立教会設立。上京(退官)	
八三	一六	二三	全国基督信徒大親睦会にて「空ノ鳥ト野ノ百合花」と題して講演(5)。津田仙の学農社の講師(5〜10)。農商務省水産課に勤務(12)	
八四	一七	二四	浅田タケと結婚(3・28)。破婚(10)。私費にて渡米(11)	鹿鳴館時代はじまる(6)
八五	一八	二五	エルウィンの白痴院にて看護人として働く(1)。長女ノブ生まれる(4)。ワシントンにてベルと会い、終生の友となる(6)。白痴院を去る(7)。グロースターに滞在(8)。アマスト大学選科生として入学(9)	太政官を廃し内閣制度実施(12)
八六	一九	二六	貧窮の中に勉学を続け、学長シーリーの感化と助言により回心を経験する(3)	第一回条約改正会議(5)
八七	二〇	二七	アマスト大学卒業、特にB・S(理学士)の称号をうける(7)。ハートフォード神学校に入学(9)	旧約聖書の和訳成る。徳富蘇峰『国民之友』創刊(2)。保安条例公布(12)
八八	二一	二八	同神学校退学(1)。帰国(5)。新潟の北越学館に赴任(9)。宣教師団と衝突し辞して帰京(12)	枢密院設置(4)
八九	二二	二九	東洋英和学校、東京水産伝習所、明治女学校に教える。横浜加寿子と結婚(7・31)	明治憲法発布(2・11)

九〇	二三	三〇	第一高等中学校嘱託教員となる(9)	教育勅語発布(10)。第一回帝国議会(11)
九一	二四	三一	第一高等中学校不敬事件(1・9)。妻加寿子死去(4・19)。不敬事件以後窮境に陥る	
九二	二五	三二	大阪の泰西学館に赴任(9)。岡田シズと結婚（12・23）	黒岩涙香『万朝報』を創刊(11)
九三	二六	三三	『基督信徒の慰』(2)。『コロムブスと彼の功績』(2)。「文学博士井上哲次郎君に呈する公開状」を『教育時論』に発表(3)。泰西学館を辞任(3)。熊本英学校に赴任(4)。辞して京都に移り(8)、貧困の中に著作に没頭。『求安録』(8)、『路得《るつ》記』(12)	井上哲次郎『教育と宗教の衝突』(4)
九四	二七	三四	『伝道の精神』(2)、『地理学考』（後に『地人論』と改題）(5)。箱根の第六回夏期学校で「後世への最大遺物」と題して講演(7)。「流竄録」(8)。"Justification of the Corean War"（8）、「日清戦争の義」(9)、「日清戦争の目的如何」(10)を『国民之友』に発表。"Japan and the Japanese"（後に"Representative Men of Japan"と改題）(11)	清国に宣戦布告（日清戦争）(8)
九五	二八	三五	"How I became a Christian"(5)。「何故に大文学は出ざる乎」(7)、「如何にして大文学を得ん乎」	下関にて日清講和条約調印(4) 独・露・仏三国干渉(4)

一八九六	明治二九	三六歳	(10)を『国民之友』に発表 箱根夏期学校にてカーライルについて講ず(7)。「時勢の観察」を『国民之友』に発表(8)。名古屋英和学校の教師となる(9)。『警世雑著』(12)	
九七	三〇	三七	日刊『万朝報』英文欄主筆となり、東京に移る(1)。『後世への最大遺物』(6)。『英和対照愛吟』(7)	金本位制施行(産業資本主義の確立)(10)
九八	三一	三八	連続講演「月曜講演」を行なう(1)。『月曜講演』(後に『宗教と文学』と改題)(3)。万朝報社退社(5・23)。『東京独立雑誌』を創刊し主筆となる(6・10)。『小憤慨録』(10)	保安条例廃止(6)
九九	三二	三九	『外国語の研究』(5)。私立女子独立学校校長を託さる(7)、翌年九月辞任。角筈に移転(9)。『英和時事会話』(11)	清国に義和団事件おこる(5) 改正条約の実施(治外法権撤廃)(7)
一九〇〇	三三	四〇	『宗教座談』(4)。『東京独立雑誌』廃刊(7)。第一回夏期講談会を角筈の女子独立学校にて開催(7・25～8・3)。『聖書之研究』を創刊(9)。『興国史談』(10)。万朝報社に客員として再入社(10)	足尾銅山の被害民二千名警官隊と衝突(2・13) 治安警察法公布(3)
一	三四	四一	『無教会』を創刊(3月～35年8月)。足尾銅山鉱毒事件のために奔走(4)。『独立雑談』(6)。黒岩涙香らと「理想団」を組織し、社会改良運動につとむ(7)。	植村正久と海老名弾正の神学論争は

			第二回夏期講談会を角筈で開催(7・28～8・4)	じまる(9)
二	三五	四二	日英同盟の締結に反対し、国民に警告す(2)。『独立清興』(5)。第三回夏期講談会を角筈で開催(7・25～8・4)。角筈聖書研究会を毎日曜午前十時から自宅で開く(9)	日英同盟締結(1・30) シベリア鉄道開通(1)
三	三六	四三	日露非開戦論、戦争絶対反対論を『聖書之研究』、『万朝報』に発表(6～10)。万朝報客員を辞す(10・12)	
四	三七	四四	日露開戦後も引き続き非戦論を提唱。『角筈聖書ヨブ記註解1』(8)。母ヤソ永眠(11)	ロシアに宣戦布告(日露戦争)(2)
五	三八	四五	『基督教問答』(2)。『聖書之研究』を『新希望』と改題(6)翌年四月に復名。「教友会」が各地に設立さる(9)。会誌『教友』発刊(11)	ポーツマスにて日露講和条約調印(9)
六	三九	四六	病名不明の病に倒る(1)	南満州鉄道株式会社設立(11)
七	四〇	四七	父宜之永眠(4・13)。角筈より柏木に移転(11)	
八	四一	四八	『よろづ短言』(6)。『聖書之研究』第百号記念感謝会に併せて今井館の開館式が行なわれた(6)	
九	四二	四九	『櫟林《らくりん》集』(ホイットマン論その他)(1)。「柏会」誕生(10)『歓喜と希望』(11)	伊藤博文ハルビンにて暗殺さる(10)
10	四三	五〇	『近代に於ける科学思想の変遷、一名新科学の福	『白樺』創刊(4)。大逆事件(5)。韓

			音』(3)	国併合(8)
一九一一	明治四四	五一歳	『洪水以前記』(7)。「白雨会」誕生(12)	
一二	四五 大正元	五二	ルツ子永眠、復活信仰を明確に把握(1・12)。『独立短言』(7)	第一次護憲運動(12)
一三	二	五三	『所感十年』(2)。『デンマルク国の話』(2)。アメリカの排日法案に反対し、アメリカを攻撃(5)。今井館付属聖書講堂落成式(10)。	カリフォルニア州排日土地法案成立(5)
一四	三	五四	『平民詩人』(4)。『宗教と現世』(7)。『研究十年』(12)。講演「欧州の戦乱と基督教」で非戦論を展開(10)。『感想十年』(12)。『旧約十年』(4年12月)	第一次世界大戦おこる(7) 日本参戦(8・23)。山東出兵(9)。 南洋諸島占領(10)
一六	五	五六	『伝道の書』(6)。「柏会」解散、「エマオ会」誕生(10)	
一七	六	五七	『復活と来世』(8)。神田YMCA講堂にルーテル宗教改革四百年記念講演会を開く、演題「宗教改革の精神」(10)	米国参戦(4) ロシアに二月革命、十月革命おこる
一八	七	五八	基督再臨運動はじまる(1)、以後全国各地に再臨運動を展開。「東京教友会」「エマオ会」「白雨会」が合併して「柏木兄弟団」結成される(9)。『基督再臨問題講演集』(11)	米騒動おこる、全国に波及(8) 第一次世界大戦終わる(11)
一九	八	五九	講演「人類最初の平和会議」にてベルサイユ会議を批判(4)。「基督教界革正大演説会」(5・13)。『内村	

			全集』第一巻のみにて絶版(5・15)。YMCA講堂より丸の内大日本私立衛生会講堂に移り講ず(6)。再臨運動終わる(6)。モーセの十誡を講ず(9〜10)	ベルサイユ条約調印(6・28)
二〇	九	六〇	ダニエル書(1〜3)、ヨブ記(4〜12)を講ず。『モーセの十誡』(9)	日本、国際連盟に正式加入(1) 戦後の大恐慌おこる(3・15)このころ独占資本主義確立
二一	一〇	六一	ロマ書を講ず(1〜12)。『婚姻の意義』(3)。『ルーテル伝講演集』(6)。「柏木兄弟団」解散(12)	原敬暗殺(11・4)
二二	一一	六二	ロマ書を講ず(1〜6、10)。『ヨブ記講演』(3)。『英和独語集 Alone with God and Me』(5)。「世界伝道協賛会」を創設(10)。『ダニエル書の研究』(11)	ワシントン会議にて軍縮条約・九カ国条約に調印(2・6)
二三	一二	六三	マルコによるキリスト伝を講ず(1〜6)。有島武郎の自殺に憤慨(7)。関東大震災により衛生会講堂焼失、聖書研究会を柏木に移す(9)	有島武郎自殺(6) 関東大震災(9・1)
二四	一三	六四	マタイによるキリスト伝を講ず(2〜6)。『苦痛の福音』(3)。アメリカの排日法案に反対す(5)。『羅馬書の研究』(9)。ガラテヤ書を講ず(10〜12)	第二次護憲運動(1) 排日移民法成立(5・26)
二五	一四	六五	ガラテヤ書(1)、マタイによるイエス受難の研究「十字架の道」(2月〜15年3月)を講ず。『聖書之研	治安維持法公布(4・22) 陸軍四個師団廃止(5・1)

			究』第三百号記念感謝会(7)。『ガリラヤの道』(9)	ラジオ放送開始(7・12)
一九二六	大正一五 昭和元	六六歳	パウロ伝(4〜12)を講ず。英文雑誌 "The Japan Christian Intelligencer" を創刊(3)(昭和三年二月廃刊)。『ガラテヤ書の精神』(4)。『一日一生』(10)。アルベルト＝シュワイツェルの事業を助けはじめる(11)	
二七	二	六七	パウロ伝を講ず(1〜6)。宗教法案に反対す(2)。青山の日本青年館大講堂にてイザヤ書を講ず(10〜12)。『空の空なる哉』(11)	金融恐慌おこる(3) ジュネーブ海軍軍縮会議(6) 同会議決裂(8)
二八	三	六八	イザヤ書その他の預言書を講ず。入信五十年記念会(6・2)。『十字架の道』(12)	最初の普通選挙(2・20)。共産党大検挙(3・15)。張作霖爆死事件(6・4)。治安維持法改正強化(6・29)
二九	四	六九	心臓肥大を指摘され休養(1)、(4)。創世記の研究を講ず(11〜12)	共産党大検挙(4・16) 世界恐慌おこる(10)
三〇	五	七〇	再び病床につく(1)。永眠(3・28)。遺志により『聖書之研究』は四月号(三五七号)にて終刊。内村鑑三聖書研究会は解散(4・6)	第二回普通選挙(2)。ロンドン海軍軍縮条約調印(4)。 浜口首相狙撃され、重傷(11・14)
三一	六			満洲事変おこる(9・18)

参考文献

内村鑑三全集(全二十巻) 岩波書店 昭7〜8
内村鑑三著作集(全二十一巻) 岩波書店 昭28〜30
内村鑑三聖書注解全集(全十七巻) 教文館 昭35〜37
内村鑑三信仰著作全集(全二十五巻) 教文館 昭36〜39
内村鑑三日記書簡全集(全八巻) 教文館 昭39〜40
追想集内村鑑三先生 鈴木俊郎編 岩波書店 昭9
内村鑑三の思想と信仰 石原兵永 木水社 昭23
内村鑑三伝 政池 仁 三一書店 昭28
内村鑑三(アテネ文庫) 森 有正 弘文堂 昭28
内村鑑三(現代宗教講座I) 関根正雄 創文社 昭29
回想の内村鑑三 鈴木俊郎編 岩波書店 昭31
クラーク先生とその弟子たち 大島正満 宝文館 昭33
若き内村鑑三論 中沢治樹 待晨堂書店 昭33
内村鑑三不敬事件 小沢三郎 新教出版社 昭36
内村鑑三先生と私 塚本虎二 伊藤節書房 昭36
内村鑑三とともに―内村鑑三記念講演集― 矢内原忠雄 東京大学出版会 昭37
内村鑑三(人と思想シリーズ) 土肥昭夫 日本基督教団出版部 昭37
ある日の内村鑑三先生 斎藤宗次郎 教文館 昭39
内村鑑三 信仰・生涯・友情 山本泰次郎 東海大学出版会 昭41

さくいん

―完―

内村鑑三《うちむらかんぞう》■人と思想25　定価はカバーに表示

1967年12月５日　第１刷発行©
2014年９月10日　新装版第１刷発行©
2018年２月15日　新装版第３刷発行

・編著者 ……………………………………関根《せきね》　正雄《まさお》
・発行者 ……………………………………野村久一郎
・印刷所 ……………………………法規書籍印刷株式会社
・発行所 ………………………………株式会社　清水書院

〒102-0072　東京都千代田区飯田橋3-11-6
Tel・03(5213)7151～7
振替口座・00130-3-5283
http://www.shimizushoin.co.jp

検印省略
落丁本・乱丁本はおとりかえします。

CenturyBooks

Printed in Japan
ISBN978-4-389-42025-3

Century Books

清水書院の〝センチュリーブックス〟発刊のことば

近年の科学技術の発達は、まことに目覚ましいものがあります。月世界への旅行も、近い将来のこととして、夢ではなくなりました。しかし、一方、人間性は疎外され、文化も、商品化されようとしていることも、否定できません。

いま、人間性の回復をはかり、先人の遺した偉大な文化を継承して、高貴な精神の城を守り、明日への創造に資することは、今世紀に生きる私たちの、重大な責務であると信じます。

私たちがここに、「センチュリーブックス」を刊行いたしますのは、人間形成期にある学生・生徒の諸君、職場にある若い世代に精神の糧を提供し、この責任の一端を果たしたいためであります。

ここに読者諸氏の豊かな人間性を讃えつつご愛読を願います。

一九六六年

清水幹一

SHIMIZU SHOIN

【人と思想】既刊本

老　子	高橋　進
孔　子	内野熊一郎他
ソクラテス	中野　幸次
釈　迦	副島　正光
プラトン	中野　幸次
アリストテレス	堀田　彰
イエス	八木　誠一
親　鸞	古田　武彦
ルター	小牧　治 泉谷周三郎
カルヴァン	渡辺　信夫
デカルト	伊藤　勝彦
パスカル	小松　摂郎
ロック	浜林正夫他
ルソー	中里　良二
カント	小牧　治
ベンサム	山田　英世
ヘーゲル	澤田　章
J・S・ミル	菊川　忠夫
キルケゴール	工藤　綏夫
マルクス	小牧　治
福沢諭吉	鹿野　政直
ニーチェ	工藤　綏夫

J・デューイ	山田　英世
フロイト	鈴村　金彌
内村鑑三	関根　正雄
ロマン＝ロラン	村上　嘉隆 村上　益子
孫　文	横山　英 中山　義弘
ガンジー	坂本　徳松
レーニン（品切）	中野　徹三 高岡健次郎
ラッセル	金子　光男
シュバイツァー	泉谷周三郎
ネルー	中村　平治
毛沢東	宇野　重昭
サルトル	村上　嘉隆
ハイデッガー	新井　恵雄
ヤスパース	宇都宮芳明
孟　子	加賀　栄治
荘　子	鈴木　修次
アウグスティヌス	宮谷　宣史
トーマス・マン	村田　經和
シラー	内藤　克彦
道　元	山折　哲雄
ベーコン	石井　栄一
マザーテレサ	和田　町子
中江藤樹	渡部　武
ブルトマン	笠井　恵二

本居宣長	本山　幸彦
佐久間象山	奈良本辰也 左方　郁子
ホッブズ	田中　浩
田中正造	布川　清司
幸徳秋水	絲屋　寿雄
スタンダール	鈴木昭一郎
和辻哲郎	小牧　治
マキアヴェリ	西村　貞二
河上肇	山田　洸
アルチュセール	今村　仁司
杜　甫	鈴木　修次
スピノザ	工藤　喜作
ユング	林　道義
フロム	安田　一郎
マイネッケ	西村　貞二
エラスムス	斎藤　美洲
パウロ	八木　誠一
ブレヒト	岩淵　達治
ダンテ	野上　素一
ダーウィン	江上　生子
ゲーテ	星野　慎一
ヴィクトル＝ユゴー	辻　昶 丸岡　高弘
トインビー	吉沢　五郎
フォイエルバッハ	宇都宮芳明

ラス=カサス	染田秀藤
吉田松陰	高橋文博
パステルナーク	前木祥子
パース	岡田雅勝
南極のスコット	中田修
アドルノ	小牧治
良寛	山崎昇
グーテンベルク	戸叶勝也
ハイネ	一條正雄
トマス=ハーディ	倉持三郎
古代イスラエルの預言者たち	木田献一
シオドア=ドライサー	岩元巌
ナイチンゲール	小玉香津子
ザビエル	尾原悟
ラーマクリシュナ	堀内みどり
フーコー	今村仁司・栗原仁
トニ=モリスン	吉田廸子
悲劇と福音	佐藤研
リルケ	星野慎一・小磯仁
トルストイ	八島雅彦
ミリンダ王	森祖道・浪花宣明
フレーベル	小笠原道雄
ヴェーダからウパニシャッドへ	針貝邦生
ベルイマン	小松弘
アルベール=カミュ	井上正
バルザック	高山鉄男
モンテーニュ	大久保康明
ミュッセ	野内良三
ヘルダリーン	小磯仁
チェスタトン	山形和美
キケロー	角田幸彦
紫式部	沢田正子
デリダ	上利博規
ハーバーマス	小牧治・村上隆夫
三木清	永野基綱
グロティウス	柳原正治
シャンカラ	島岩
ハンナ=アーレント	太田哲男
ミダース王	西澤龍生
ビスマルク	加納邦光
オパーリン	江上生子
アッシジのフランチェスコ	川下勝
スタール夫人	佐藤夏生
セネカ	角田幸彦
ペテロ	川島貞雄
ジョン・スタインベック	中山喜代市
漢の武帝	永田英正
アンデルセン	安達忠夫
ライプニッツ	酒井潔
アメリゴ=ヴェスプッチ	篠原愛人
陸奥宗光	安岡昭男